NORBERT GOLLUCH

Willkommen in der Villa Glück

Über den Autor und die Illustratorin:

Norbert Golluch hat zahlreiche Sachbücher, Kinderbücher und humoristische Texte veröffentlicht, u.a. den Bestseller STIRBT EIN BEDIENSTETER WÄHREND DER DIENSTREISE, SO IST DIE DIENSTREISE BEENDET. Er lebt mit seiner Familie in Köln.

Isabella Roth arbeitet als Illustratorin, Zeichnerin und Kommunikationsexpertin für diverse Verlage, Werbeagenturen und Unternehmen. Sie lebt mit Kindern, Mann und Katze in Düsseldorf. Mehr auf www.rothbild.de

Norbert Golluch

# Willkommen in der Villa Glück

99 Ideen, die dein Zuhause zu einem Glücksort machen

Mit Illustrationen von Isabella Roth

Lübbe LIFE

Die Bastei Lübbe AG verfolgt eine nachhaltige Buchproduktion. Wir verwenden Papiere aus nachhaltiger Forstwirtschaft und verzichten darauf, Bücher einzeln in Folie zu verpacken. Wir stellen unsere Bücher in Deutschland und Europa (EU) her und arbeiten mit den Druckereien kontinuierlich an einer positiven Ökobilanz.

MIX
Papier | Fördert gute Waldnutzung
FSC® C002795
FSC
www.fsc.org

Originalausgabe


Projektleitung und Redaktion: Ramona Jäger
Umschlaggestaltung: Tanja Østlyngen unter Verwendung einer Illustration von © Isabella Roth
Abbildungen Innenteil: © shutterstock: Nadezda Barkova (S. 97) | Katika (S. 127) | Kate_gr (S. 197); © 123rf: marousya (S. 63)
Satz: two-up, Düsseldorf
Gesetzt aus der Apollo
Druck und Verarbeitung: Livonia Print, Riga
Printed in Latvia
ISBN 978-3-404-06010-8

1 3 5 4 2

Sie finden uns im Internet unter luebbe-life.de
Bitte beachten Sie auch: lesejury.de

# DAS MAGISCHE GLÜCKSHAUS

Die Villa Glück ist ein besonderes Haus – und doch für alle erreichbar. Jeder kann es bauen, du bist dein eigener Architekt. Du musst nicht nach einem Grundstück suchen, kein Geld für die Grundbucheintragung, den Notar, Handwerker und das Baumaterial ansparen – du kannst einfach loslegen. Auch wo du das Haus deiner Träume errichtest, musst du nicht festlegen. Deine Villa Glück ist immer dort, wo du gerade bist – oder zumindest in deiner Nähe. Überall in diesem wunderbaren Haus und drumherum findest du Sachen, die dich ein bisschen glücklicher machen. Im Keller und auf dem Dachboden kannst du einen Blick in die Vergangenheit werfen. In deinem Arbeitszimmer hast du die Möglichkeit, mit anderen zu kommunizieren und deine Gedanken in die Zukunft zu richten. In der Küche treffen sich Körper und Seele zu gemeinsamen Mahlzeiten. Und im Salon verbringst du eine spannende Zeit mit Freunden oder Familie.

## 99 Sachen, die einfach glücklich machen

In der Villa Glück findest du vieles – vor allem aber Vorschläge, Tipps und Anregungen für einen heiteren Alltag, die du vielleicht nur vergessen hast und die du in der Villa wiederentdecken kannst. Es sind Ideen für persönliche Erfolgserlebnisse gegen alltägliche Depression, Frust und Langeweile, für nachhaltige Zufriedenheit und effektive Selbsthilfe, mitten aus dem Leben gegriffen. Die Villa Glück gibt es zwar nicht wirklich, sie ist ein Ort in deinem Kopf. Aber mit den folgenden Ideen kann sie in kurzen Momenten Teil deines Lebens werden.

# An der Haustür

Auch wenn die Villa Glück in deinen Vorstellungen noch nicht zu einem großen Gebäude herangereift ist: Eine Idee, wie es an deiner Eingangstür aussieht, hast du sicher schon. Vielleicht sieht es dort so ähnlich aus, wie hier abgebildet. Ein bisschen unaufgeräumt, aber einladend. Nichts hindert dich nun daran, einzutreten und in den Räumen dieses Hauses ein paar Dinge zu erleben, die definitiv glücklich machen. Wir wünschen dir viel Spaß auf deiner Reise durch die Villa Glück.

# 1. ALLES GUT SORTIERT: DER PERFEKTE EMPFANG

Hier zeigst du auf den ersten Blick, dass du weißt, was wohin gehört. Nein, du musst dich nicht als Ordnungsfanatiker outen. Es kann auch auf den ersten Blick drunter und drüber gehen. Hier kannst du demonstrieren, dass du ein ganz eigenes Ordnungssystem verwendest. Spätestens beim zweiten Hinsehen wirst du bemerken, dass die Unordnung eigentlich keine Unordnung ist, sondern eine auf natürliche Weise entstandene Ordnung, Beweis, dass dieses Haus voller Leben steckt.

Alle Bewohner des Hauses hinterlassen hier ihre Spuren, Arbeit und Alltag finden hier in bestimmten Gegenständen ebenso ihren Platz wie Vergnügungen, Sport und andere Freizeitaktivitäten. Und wie immer bei einem gewachsenen System gibt es für seine Benutzer keine Probleme, alles Gesuchte zu finden.

Gönn dir also das Glück der gewachsenen Unordnung, die eigentlich keine Unordnung ist, sondern die beste und menschliche Ordnung, die hier im ersten Raum des Hauses ihren Platz findet.

### Einladende Glückssymbole

Es gibt viele bekannte Glückssymbole, die den Eingangsbereich schmücken können. Die meisten besitzen eine lange Tradition, sie stehen für den Wunsch, dass es das Leben gut mit einem meint, und werden gern zum Einzug oder zum Jahreswechsel geschenkt. Da gibt es das Hufeisen, den Marienkäfer, den Glückspfennig, den Fliegenpilz, den Schornsteinfeger und den Mistelzweig – sie alle stehen in der einen oder anderen Form für Glück. Im Eingangsbereich unserer Villa Glück soll aber ein anderes Symbol stehen, das lebendig und, weil es nachwächst, ausgesprochen nachhaltig ist:

### Glücksklee für die Diele

Der Glücksklee (*Oxalis tetraphylla*) ist eine vierblättrige Art von Sauerklee, und weil es eben vier Blätter sind und nicht nur drei wie bei vielen anderen Kleearten, gilt der Glücksklee als Experte. Eigentlich sind es gar keine vier Blätter, sondern jedes einzelne Blatt ist in vier Teile aufgeteilt. Das stört aber den Glückklee nicht bei seiner Aufgabe als Glückssymbol. Ob zum Geburtstag oder als Geschenk zum neuen Jahr – die buschige Pflanze mit den hübschen symmetrischen Blättern ist ein ansehnlicher Blütenschmuck.

### Nachwachsendes Glück

Ist das Fest vorbei, wandert die Pflanze leider viel zu häufig in den Müll. Das hat sie nicht verdient, denn sie gedeiht gut im Topf und kann mühelos in der Diele unserer Villa Glück überwintern. Sie liebt einen hellen Standort und Temperaturen zwischen 10 und 18 Grad Celsius. Und wenn man sie regelmäßig, aber nicht zu stark gießt, wird sie zwischen April und Juni sogar zierliche rote Blüten zeigen. Die Pflanze erreicht im Topf eine Höhe von bis zu 20 Zentimetern. Und das Beste: Man kann sich hin und wieder ein Blatt klauen, um es als Überraschung zwischen Buchseiten zu stecken oder als Dekoration zum Beispiel für ein Geschenk zu verwenden. Das wächst nach. Nachwachsendes Glück im Haus – ist das nichts?

# 2. DIE HAUSTÜR MIT EINEM LÄCHELN ÖFFNEN

Wie du einen Menschen wahrnimmst, hängt sehr davon ab, welchen ersten Eindruck du von ihm hast. Bei jemandem, der dir bereits in den ersten zehn Sekunden eures Zusammentreffens fremd oder abweisend vorkommt, wirst du lange Zeit unter dem Eindruck diese Erfahrung stehen. Deshalb: Gib jedermann, den du in deinem Hause begrüßen kannst, einen Vorschuss an Freundlichkeit. Nur so kannst du eine aussichtsreiche Ebene des Kennenlernens erreichen. Begrüße an der Haustür einen guten Freund oder aber auch eine Person, zu der ein guter erster Kontakt dringend gebraucht wird, mit einem Lächeln. Das öffnet sprichwörtlich Türen. Wie bei einer langen Wanderung kommt es auf die ersten Schritte an – führen sie bereits in die falsche Richtung, rückt das Ziel in die Ferne.

## Zeit für ein Gespräch!

Der Platz nahe der Haustür ist für zwischenmenschliche Kontakte ein wunderbarer Ort. Gespräche, die hier geführt werden, sind einfach und direkt, und wenn du es schaffst, einen Besucher oder eine Nachbarin hier in ein freundliches Gespräch zu binden, hast du einen großen Gewinn gemacht und bist auf dem Weg, einen Freund zu gewinnen. Themen, die Anknüpfungspunkte sein können, sind vielfältig: Kinder, Haustiere, Neuigkeiten aus dem Viertel oder – wenn du schon etwas über deinen Gesprächspartner weißt – Erlebnisse beim Sport oder gemeinsame Hobbys schaffen zwischenmenschliche Wärme. Du wirst diesen Ort und dieses Gespräch mit einem Lächeln verlassen und mit einem guten Gefühl für den ganzen kommenden Tag. Quatschen an der Haustür? So abwertend es sich anhört – absolut keine Zeitverschwendung!

## Platz für schöne Erinnerungen

Notiere dir auf den folgenden Zeilen, welche angenehmen und inspirierenden Begegnungen du an der Haustür oder auch am Gartentor erlebt hast. Oder welche du dir wünschst.

# 3. DIE SCHLÜSSEL FÜR DEINE GLÜCKSORTE

Wenn du genug Platz hast, deponiere die Schlüssel deines Hauses oder deiner Wohnung auf einem selbst gebauten Schlüsselbrett wie in einem kleinen Hotel. Jeder Schlüssel bekommt ein kleines Schild, damit du weißt, wohin er gehört. Andere kreative Möglichkeiten sind zum Beispiel ein kleiner Schlüsselbaum oder ein Schlüsseligel, auf dessen Rücken die Schlüssel der Räume bereitgehalten werden. In vielen Häusern befindet sich schon nach kurzer Zeit eine mehr oder weniger große Schale, in der sich alle Schlüssel, wie verabredet, versammeln. Die ganze Fläche der Wand kann die Schlüsselkette nutzen, eine Schnur mit Aufhängungsmöglichkeiten – kleine Haken dafür gibt es im Baumarkt. Vielleicht ist die Grundlage auch eine LED-Lichterkette, sodass jeweils zwischen zwei LEDs ein Schlüssel hängt. Du kannst dir natürlich auch ein schönes Schlüsselbrett kaufen, das zu dir und deiner Villa Glück passt.

## Dein persönliches Schlüsselboard

Nimm dir etwas Zeit, um auf der nächsten Seite dein eigenes Schlüsselbrett zu zeichnen. Wie soll es aussehen? Es könnte die Form einer Wolke haben. Oder die eines Halbmondes. Welche Farbe würde gut in den Eingangsbereich deiner Villa passen? Und überlege dir auch, welche Schlüssel dort hängen sollen. Dort könnten sich auch Schlüssel befinden, die in bisher unbekannte Räume führen. Lass deine Fantasie spielen.

# 4. EIN FETTES TRINKGELD FÜR DEN POSTBOTEN

Probiere es in der Villa Glück aus: Ja, der Postbote oder die Paketbotin werden begeistert sein, wenn du ihm oder ihr einen virtuellen Zwanziger überreichst. Allzu sehr hat es dich nicht geschmerzt – versuche es jetzt mal im realen Leben.

Du hast Probleme damit? Eigentlich geht es dir um philosophische Fragen und nicht um so etwas Banales wie Geld. Alles ist mit allem verbunden. Wenn du hier einen Euro verschenkst, kann das unerwartete Folgen haben. Ganz reale Folgen: Deine Lieferungen und Postsendungen kommen pünktlicher. Oder es zeigen sich Effekte im zwischenmenschlichen Bereich: Die Menschen, die für dich tätig sind, sehen einfach glücklicher aus, wenn du sie triffst. Nein, du solltest dich auf keinen Fall als reicher Millionär aufspielen. Es geht um etwas ganz anderes.

## Eine Geste der Wertschätzung

Das Ziel einer solchen Aktion ist vielmehr, deine Anerkennung und deinen Respekt für einen Menschen zum Ausdruck zu bringen, der dir mit seiner Arbeit den Alltag erleichtert und dir in so manchem Fall auch Freude ins Haus liefert, zum Beispiel eine schöne und positive Nachricht, ein ansprechendes Geschenk.

Nicht nur der Postbote, auch andere Menschen, die hier an der Schnittstelle zwischen Privatheit und Außenwelt unter Dauerstress ihre Arbeit tun, freuen sich über jede Form von Anerkennung. Und wenn du mal keinen Euro zur Hand hast, reicht manchmal auch ein Glas Wasser, ein Apfel oder ein wenig Freundlichkeit. Du meinst, für ein Lächeln können sie sich nichts kaufen? Versuche es mal, du wirst staunen.

## Zeit für eine Utopie

Wenn du König oder Königin von Deutschland wärst, wie sollten sich die Menschen in deinem Staat begegnen? Wie viel müssten sie arbeiten? Was würden sie verdienen? Wie wäre der Reichtum verteilt? Gäbe es gemeinsame Festlichkeiten? Überlege dir, wie ein Tag in einer Gesellschaft aussähe, die aus deiner Sicht perfekt wäre.

# 5. BLÜTENKRANZ UND PANTOFFELGLÜCK

Hänge dir einen Blütenkranz an die Haustür. So ein blumiger Ring ist konzentrierte Atmosphäre, der Ausdruck von Düften, optischen Eindrücken und Gefühlen in der ewigen Form des Kreises zusammengefasst. Es gibt so etwas wie eine Sprache der Kränze. Sie können – wie auf dem Friedhof – in der Trauer unterstützen oder aber – wie auf einer Hochzeit – einfach nur Freude ausstrahlen. Die Bandbreite dazwischen ist groß. Die Jahreszeiten haben ihre Kränze, viele Ereignisse, etwa ein beruflicher Erfolg, können in Form eines Kranzes ihr Abbild finden. Entdecke dein persönliches Motiv, und gib damit der Pforte zu deiner Villa Glück einen bisher nicht da gewesenen Ausdruck. Zeige zugleich deinen Mitmenschen die Ziele deines Weges.

## Pantoffelhelden für das Fußbodenglück

Früher bildete der Eingangsbereich eine Einheit mit dem Fußboden vor der Tür. In bäuerlicher Umgebung war es oft so, dass das Kopfsteinpflaster vom Vorplatz bis in den Eingangsraum reichte. Entsprechend einfach war auch die Pflege des Eingangs – einfach nur fegen wie auch draußen vor der Tür. Für viele Menschen heute ist der Fußboden in der eigenen Wohnung hingegen ein Heiligtum, das vor Verschmutzung und Beschädigung zu schützen ist. Solltest du zu dieser Gruppe zählen, kannst du hier passende Maßnahmen ergreifen. Vor allem eine Auswahl an Filzpantoffeln in unterschiedlichen Größen hilft weiter. Deine Gäste werden deiner Aufforderung sicherlich gern nachkommen, zumal dann, wenn du selbst mit Pantoffeln voranschreitest.

## Anleitung für deinen Blütenkranz

Ein Blütenkranz für deine Haustür ist schneller entworfen und gebastelt, als du denkst. Du brauchst nur einen Metallring, ein paar Trockenblumen und eine Jutekordel. Und so geht's:

1. Besorg dir zunächst den Metallring. Du bekommst ihn im Baumarkt oder in einem Laden für Bastelbedarf. Den Durchmesser des Rings kannst du selbst bestimmen. Damit er weder zu wuchtig wirkt noch übersehen wird, eignet sich ein Durchmesser zwischen 20 und 30 Zentimetern. Außerdem brauchst du fünf bis acht getrocknete Blumen. Die Blumen kannst du selbst pflücken im Wald, auf dem Feld oder in deinem Garten und dann über Kopf am Fenster hängend trocknen lassen. Oder du kaufst sie einfach im Blumenladen. Zuletzt benötigst du noch eine Jutekordel, etwa 20 Millimeter dick.
2. Jetzt nimmst du die Kordel und wickelst sie zwölfmal fest um die Mitte des Metallrings, also nicht um den Ring herum, sondern quer durch den Ring, sodass die Kordel in der Mitte des Rings vertikal von links nach rechts läuft. Die Schnur muss sehr stramm sein. Schneide die Schnur anschließend ab und befestige sie mit einem kleinen Knoten.
3. Nun nimmst du die Trockenblumen und fädelst sie in einem Abstand von fünf Zentimetern einzeln durch die Schnur, sodass die Blüten senkrecht nebeneinander im Ring stehen.
4. Zum Befestigen des Kranzes nimmst du ein weiteres Stück der Kordel und wickelst sie um das obere Ende des Ringes. Jetzt kannst du mit dem Ring deine Tür schmücken. Oder ein Fenster. Ganz wie du magst.

# Die Küche

Wer verbindet nicht warme Gefühle mit der Küche in seiner Wohnung? Umso mehr gilt dies für die Küche der Villa Glück. Dies ist der Ort, an dem sich wie von allein die Rezepte finden, die dir neue Kraft geben und alle Verletzungen und Belastungen des Tages heilen oder wieder ausgleichen können – eine echte *Soul Kitchen* eben. Wirf einen Blick auf die Rezepte deiner Villa Glück auf den folgenden Seiten. Da gibt es Ideen für ungewöhnliche Marmeladensorten, schnelle Backwaren und frische Nudeln. Vielleicht bekommst du Lust, das eine oder andere nachzukochen.

# 6. SO MACHT KOCHEN RICHTIG SPASS

In der alltäglichen Wirklichkeit kämpfst du in deiner Küche gegen lästige Arbeiten, Unordentlichkeit und Abfallberge. In der Villa Glück ist die Küche perfekt organisiert. Mit sicherer Hand sorgst du dafür, dass es immer Spaß macht, mit dem Kochen zu beginnen. Dabei hilft dir eine To-do-Liste am Kühlschrank oder ein Einkaufszettel, analog wie bei Muttern auf Papier oder im Smartphone.

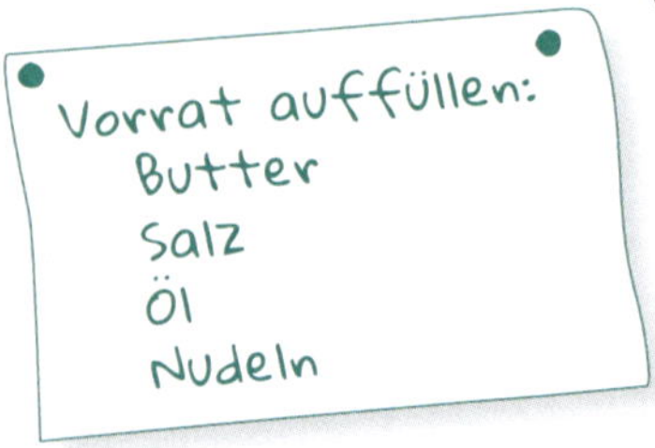


## Küchenglück verschenken

Es gibt vielfältige Anlässe, persönliche Feste, Jubiläen oder einfach das Wiedersehen nach langen Jahren, zu dem jemand ein Geschenk benötigt. Viele von diesen Geschenken können aus deiner Küche kommen, denn wie fast jede Küche ist auch deine ein Glückszentrum.

Selbst gemachte Marmeladen oder Gelees sind äußerst beliebte Geschenke, besonders deshalb, weil in einer privaten Küche ganz ungewöhnliche Sorten entstehen können. Weitere Ideen dazu findest du auf Seite 36. Auch selbst gemachte Pestos zählen zu den Geschenken, die man in kleinen Gläsern verpacken kann. Kimchi ist eine besondere ostasiatische Spezialität, die ebenfalls einfach herzustellen, ausgesprochen haltbar ist sowie einen äußerst pikanten Geschmack liefert. Chutneys sind Soßen der indischen Küche, die in verschiedenen Geschmacksrichtungen zubereitet werden können. Besonders bekannt ist Mango-Chutney – auch eine gute Geschenkidee.

### Selbst gemachte Speiseöle

Du kannst gewöhnliche Speiseöle in deiner Küche veredeln, indem du zu einer kleinen Flasche mit Öl Gewürze hinzugibst. Geeignet zur Verfeinerung von Ölen, aber auch für ganz besondere Essigsorten, sind zum Beispiel Bärlauch, Dill, Zitronenmelisse, Rosmarin, Thymian, Basilikum sowie einige einheimische Kräuter direkt von der Wiese wie etwa Minze oder Spitzwegerich.

### So wird es gemacht

In eine nicht zu große Flasche wird etwas Essig oder Öl gegeben, die allerdings schon von einer gewissen Qualität sein sollten. In die Flasche kommen, fein zerhackt, die frischen Kräuter vom Wochenmarkt oder aus dem Garten. Etwas Geduld! Nach ein paar Tagen ist der Kräuteressig oder das Aroma-Öl fertig.

### Ganz besondere Kreationen

Ein blumig-fruchtiges Aroma bekommt dein Essig mit Himbeeren. Pikant-säuerlich wird er mit Zitronen oder Limettenstückchen. Pikant und mit einer gewissen Schärfe werden

Würzessig oder Aroma-Öl, wenn du zerkleinerte Chilischoten oder Knoblauchzehen in die Flasche gibst. Wenn schon einmal Kräuter im Hause sind, kannst du auch selbst Kräuterbutter oder eine Gewürzbutter herstellen, die sich in kleinen Gefäßen wunderbar verschenken lässt. Einfach und sehr wohlschmeckend: Butter mit einer guten Portion Rosenpaprika-Pulver.

### Küchentipps für Selbstversorger

Du musst kein Prepper sein, um in deiner Küche die Selbstversorgung und Vorratshaltung zum Thema zu machen. Hier ein paar Anregungen und Vorschläge, die du mit relativ einfachen Mitteln realisieren könntest:

- Kräuter und Gewürze vom Balkon
- Pilze aus dem Keller, zum Beispiel Shiitake
- Zucchini vom Hochbeet auf der Terrasse
- eingemachtes Obst aus der Küche
- selbst gemachter Joghurt oder Kefir

# 7. ZEIT LASSEN FÜR DIE EINFACHEN DINGE

Multitasking ist zwar schwer angesagt, aber dann doch besser etwas für Maschinen. Lass es lieber langsam angehen, Schritt für Schritt, so genießt du, was du tust. Fang am besten beim Frühstück damit an! In deiner Villa Glück ist das Zeitunglesen während des Essens erlaubt, nicht aber berufliche Telefonate und andere Herausforderungen aus dem Arbeitsleben. Zu viel Aufregung für einen Magen, der noch nicht einmal mit der Verdauung begonnen hat. Wie man mit einfachen Lebensmitteln und ohne Stress etwas Leckeres zaubern kann, liest du hier.

## Snacks machen glücklich

Wer freut sich nicht über eine essbare Belohnung – ein Grund für eine Belohnung findet sich immer. Snacks gibt es in süßer und in herzhafter Geschmacksrichtung, viele sind ausgesprochen gesund, andere machen zumindest glücklich. Es gibt neue Snacks aus der vegetarischen und veganen Küche, aber auch solche, die schon zu Großmutters Zeiten auf den Tisch des Hauses kamen – hier eine vielfältige Mischung aus neuer und alter Küche.

### Das Avocado-Brot

Sehr lecker und eher auf heutigen Tischen zu finden ist diese Kombination: Auf einer Scheibe frischen Roggenbrots die Hälfte einer reifen Avocado verteilen. Das Ganze mit etwas gutem Balsamico-Essig beträufeln, salzen, pfeffern und reinbeißen.

### Bruschetta

Ein einfaches, aber wunderbar schmeckendes Brot, das aus Italien stammt: Bruschetta war ursprünglich ein Arme-Leute-Essen. Eine trockene Scheibe Brot wird mit einer frisch geschnittenen Knoblauchzehe eingerieben und mit Olivenöl beträufelt. In mundgerechte Happen schneiden – fertig!

### Auberginen-Mini-Pizza

Schon von der Größe her kann sie nicht mit dem großen Original mithalten, entsprechend gering ist ihr Kaloriengehalt pro Stück. Auf Auberginenscheiben etwas Olivenöl und Zitronensaft träufeln, salzen und pfeffern. Die einzelnen kleinen Pizzaböden wie die großen unterschiedlich belegen – ganz nach Geschmack mit einer Tomatenscheibe, einem Stückchen Mozzarella, etwas geriebenem Parmesan, einem Basilikumblatt, etwas Salami, Stückchen einer Knoblauchzehe oder einem Champignon. Dann ab in den Ofen damit. Auf Backpapier bei mittlerer Hitze etwa 15 Minuten backen. Auf einem kleinen Teller – passend zur Größe der Pizza – servieren.

## Großmutters Butterbrot-Welt

In einer Welt voller Burger, Hotdogs und Pizza gehört die Erinnerung an Großmutters Favoriten für zwischendurch in den Bereich der liebevollen Nostalgie, die aber in der Villa Glück selbstverständlich einen Platz gefunden hat.

### Das Käsebrot

Auf eine Scheibe Landbrot oder auch Knäckebrot gehört, unterstützt von einer dünnen Lage Butter oder Margarine, eine dick geschnittene Scheibe milder Käse, zum Beispiel Gouda. Etwas Schnittlauch und Senf runden das Käsebrot ab.

### Das Schinken-Ei-Brot

Auf einer Scheibe Bauernbrot bildet eine Scheibe roher Schinken die erste Schicht, auf die ein in Scheiben geschnittenes, gekochtes Ei gelegt wird. Gewürzt wird mit etwas Senf (hier auch süß). Unglaublich gut!

# 8. DER MORGENKAFFEE IM ERSTEN SONNENLICHT

Weil die Küche in der Villa Glück perfekt ist, fällt jeden Morgen ein wunderschöner Strahl der Morgensonne genau auf den Platz, an dem du den Tag mit deinem ersten Kaffee oder Tee beginnst. Genieße den Augenblick im warmen Licht, er gehört vor allem für deine Seele zum Frühstück dazu. Bereite dein erstes Getränk mit einer besonderen Aufmerksamkeit zu. Überlasse die Zubereitung deines Morgenkaffees nicht der Maschine. Wähle stattdessen aus: Handfilter, Pour Over, Siebstempelkanne, Espressokocher, Mokka, perfekter Milchschaum oder Latte Art? Es gibt viele Möglichkeiten, um sich selbst bereits am Morgen zu verwöhnen.

## Eine Tasse Tee gibt dem Tag Balance

Für den perfekten Start in den Tag bereite dir eine Tasse Tee zu. Damit du ein wenig Abwechslung in den Morgen bringst, empfiehlt sich eine kleine Auswahl an Teesorten. Es muss nicht gleich ein ganzes Teegeschäft sein, aber vielleicht schaffst du dir ein paar Dosen für die grundlegenden Teesorten an, die du dann besonders bewusst genießen kannst. Koffeinhaltig sind Ostfriesen-, Ceylon-Frühstückstee und Darjeeling. Auch Mate und grüner Tee machen munter. Grüner Tee enthält dazu noch ein paar gesunde Vitamine. Beachte beim Aufbrühen des grünen Tees, dass das Wasser nicht zu heiß ist. Die perfekte Wassertemperatur liegt bei 70 Grad Celsius. Wer es lieber ohne Koffein mag, der sollte Rooibos-Tee und diverse Kräutertees im Haus haben.

### Tipps für eine entspannende Teezeremonie

Tee zuzubereiten und zu trinken kann Ruhe in deinen hektischen Alltag bringen. Nimm dir für die Zubereitung ein paar Minuten Zeit, trinke das heiße, dampfende Getränk dann langsam und in kleinen Schlucken. Versuche auch mal, die Augen zu schließen und tief einzuatmen, bevor du trinkst. Der gute Geschmack des Tees hängt von der Teesorte, der richtigen Wassertemperatur und der Ziehzeit ab. Aber auch die Kanne spielt eine wichtige Rolle. Glas, Keramik, Gusseisen – das Angebot ist groß, und unterschiedliche Teekannen warten mit unterschiedlichen Eigenschaften auf.

### Mit Sorgfalt auswählen: eine Teekanne

Ein wichtiger Aspekt ist die Wärmespeicherung – die ist bei gusseisernen Kannen besonders gut. Auch entwickelt sich das Aroma des Tees besser. **Kannen aus Glas** eignen sich für Teesorten, die eine niedrigere Wassertemperatur benötigen, also zum Beispiel für grünen Tee. **Kannen aus Keramik und Ton** wirken als natürliche Geschmacksverstärker, weil sie das Aroma des häufig gewählten Tees annehmen. Diese Teekannen sollten innen (wie auch die Kanne aus Gusseisen) nicht gründlich gereinigt (schon gar nicht mit Scheuermitteln), sondern nur ausgespült werden. Das genaue Gegenteil sind **Kannen aus Porzellan**. Sie nehmen das Aroma des Tees nicht an (ebenso wie Glaskannen) und eignen sich deshalb besonders gut für stark aromatisierte Teesorten wie *Earl Grey*. Ihr Nachteil: keine gute Wärmespeicherung.

# 9. GÖNN DIR EIN FÜRSTLICHES FRÜHSTÜCK

Die meisten Tage starten stressig. Der Wecker klingelt zu früh oder zu spät, je nach Sichtweise. Es regnet, und die Bahn bleibt mal wieder stecken, sodass wir zu spät zu Terminen kommen, die wir eigentlich sowieso als überflüssig empfinden. Und dann stehen uns noch ein paar lange, anstrengende Stunden in der Schule, Uni oder im Büro bevor. Hach, da möchte man doch gar nicht erst aufstehen. Wie wäre es, wenn du wenigstens einen Tag in der Woche mit einem schönen, langen und ausgiebigen Frühstück beginnst. Ja, gerade dann, wenn du Stress hast. Steh dafür mal eine Stunde früher auf. Im ersten Moment mag dir das schwerfallen, aber dann ist es großartig. Morgenstund hat Gold im Mund, heißt es doch so schön.

## Verwöhn dich selbst

Was steht auf deiner Frühstücksspeisekarte? Kreuze an.

- ☐ Porridge oder Müsli, mit oder ohne Früchte
- ☐ ein gekochtes Ei, ein Spiegelei oder eine Portion Rührei
- ☐ Frischkäse oder Quark
- ☐ Marmelade oder Honig
- ☐ Brötchen, Vollkornbrot oder Knäckebrot
- ☐ Butter oder Margarine, veganer Brotaufstrich
- ☐ Pancakes mit Heidelbeeren oder Ahornsirup
- ☐ ein Lachs-Omelett

Hungrig, wie du bist, wirst du dir genau das richtige Frühstück zusammenstellen.

## Frühstückstipp: das Affenbrötchen

Der Fernsehkoch Clemens Wilmenrod hat in den 1950er-Jahren eine große Erfindung gemacht: den Toast Hawaii. Zwei Scheiben Toast, Ananas, etwas Schinken und Käse – fertig war ein exotisches Gericht, das mit der Insel Hawaii nicht im Geringsten zu tun hatte, den Koch aber über manche Sendung rettete und in den nachfolgenden Jahren und Jahrzehnten vielen Menschen gut schmeckte. Unsere Familie liefert eine ähnliche Erfindung für das Rezeptbuch der Villa Glück. Das Affenbrötchen hat eigentlich nichts mit Affen zu tun, schmeckt aber trotzdem – wie der Toast Hawaii – ausgesprochen lecker, ob zum Frühstück oder als Snack zwischendurch.

### So wird's gemacht

Bestreiche ein halbes Vollkornbrötchen oder eine Scheibe Brot mit einer dünnen Schicht Frischkäse. Darüber kommt eine zweite Schicht: Nuss-Nougat-Creme. Fertig? Dann wäre es kein Affenbrötchen. Obendrauf gehören jetzt noch einige Bananenscheiben, so viele, dass die ganze Oberfläche bedeckt ist. Wer mag, kann sich jetzt noch unter die Zimmerpalme setzen und sein Affenbrötchen verspeisen. Nicht nur Kinder mögen es, und es macht ordentlich satt.

### Der Frühstücksfreund

In vielen Haushalten gibt es einen ganz besonderen Mitbewohner, der das Frühstück perfekt macht: die Katze. Ihre stoische Ruhe kann den frühen Morgen auf eine wunderbare Weise verlangsamen oder sogar stillstehen lassen – wer so frühstückt, bewältigt jeden Tag!

# 10. EINE FRAGE DES GESCHMACKS

Mach deine Villa zu einem Ort der appetitanregenden Düfte und feinen Gewürze. Ein Ausflug in die Küchengeschichte kann dir helfen, neue Glückswege zu finden. Guter Geschmack ist nämlich keine Selbstverständlichkeit aus dem Supermarkt, sondern hat viele Quellen. Wie im Mittelalter könntest du duftende Pflanzen und Pflanzenteile zur Verfeinerung deiner Speisen verwenden. Viele Früchte, Samen, Blüten, Blätter und Wurzeln verbessern nicht nur den Geschmack, sondern sind auch nützlich für die Haltbarkeit von Speisen – und vielfach für die Gesundheit. Deshalb kann deine feine Nase die Düfte von Zimt, Nelken und Ingwer erschnüffeln. Dein feiner Geschmackssinn wird zu schätzen wissen, dass Kräuter wie Salbei, Koriander, Beifuß, Bohnenkraut, Kümmel, Liebstöckel, Basilikum, Thymian, Majoran, Rosmarin, Zitronenmelisse und viele andere den Geschmack von Speisen verfeinern. Und sie alle waren auch schon in geschichtlicher Zeit verfügbar.

## Ein Blick in die Vergangenheit

Die Vorstellung, dass die Küche der Vergangenheit sich mit Salz, Honig und Essig behelfen musste, ist nicht richtig. Nur auf exotische Genüsse wie Ingwer, Koriander, Kardamom, Muskat, Safran und Zimt mussten die meisten Köche vergangener Tage lange Zeit verzichten. Auch ein mittlerweile alltägliches Gewürz zählt zu diesen Exoten: Pfeffer. Das Gewürz ist seit der Antike bekannt, kam über Tausende Kilometer aus seinem Hauptanbaugebiet in Indien und wurde unglaublich teuer gehandelt. Nur wirklich reiche Leute konnten sich scharfes Essen leisten.

## Teste deinen Geschmackssinn

Die Frage aller Fragen: Wie viele Lebensmittel erkennst du am Geruch und Geschmack? Mach ein Quiz draus! Vielleicht lädst du auch noch ein paar Freunde und Freundinnen ein, um gemeinsam eure Feinschmeckerqualitäten zu ergründen. Alles, was du brauchst, sind ein Schal, um deine Augen zu verbinden, und ein paar Gewürze, Nahrungsmittel und Getränke. Los geht's.

Kannst du verschiedene Sorten Mineral- und Leitungswasser voneinander unterscheiden? Versuche es im doppelten Blindversuch.
Ergebnis:

---------------------------------------------------

Wiederhole den Versuch mit zwei oder drei Sorten Rotwein.
Es könnte sein, dass dir der billigste am besten schmeckt.
Ergebnis:

---------------------------------------------------

Kannst du mit verbundenen Augen Zucchini und Gurke unterscheiden? Wie sieht es mit Tomate und Paprika aus?
Ergebnis:

---------------------------------------------------

Besonders viel Spaß macht das Testen, wenn man sich dabei die Nase zuhält. Erstaunlich wenige Geschmäcker werden dann noch sicher erkannt. Schließe Wetten ab!
Ergebnis:

---------------------------------------------------

# 11. EIN GERICHT AUS DER VERGANGENHEIT

Beim Rezeptwettbewerb in deiner Villa Glück gehören die Rezepte aus deiner persönlichen Vergangenheit zu den Favoriten. An manche erinnerst du dich vermutlich kaum noch, weil du noch ein Kind warst und über das Kochen wenig wusstest. Nur so viel: Das von Oma oder Mutter gekochte Gericht schmeckte himmlisch. Omas Erbsensuppe, der Sonntagsbraten mit Knödeln, Königsberger Klopse, Spaghetti Bolognese – wenn du es heute nur riechst, bist du für einen Moment wieder in deiner Kindheit.

Spätere Lieblingsgerichte aus der Alltagsküche deiner Familie besetzen die weiteren Plätze in den Charts. Es lohnt sich, auf die Suche nach vergangenen Lieblingsgerichten zu gehen und die Rezepte in deiner Villa Glück nachzukochen. Nur selten wirst du dabei den Geschmack aus vergangenen Tagen ganz genau treffen, dem Glück aus der Vergangenheit aber doch ganz schön nahekommen.

## Schaffe neue Traditionen!

Was Mutter und Großmutter konnten, kannst du auch: ein Gericht kochen, das quasi als legendär in die Familienchronik eingeht. Beim Rezept musst du nicht etwa in der Vergangenheit wühlen – auch neuzeitliche vegetarische oder sogar vegane Speisen werden in der Familie und unter deinen Bekannten ihre Fans finden. Kandidaten für die neuen Traditionsessen, vielleicht für das Familientreffen am Sonntag: die Kürbissuppe, Gemüsefrikadellen, Lasagne mit Pilzen, Chili mit Couscous, Sesam-Tofu-Schnitzel, gefüllte Paprika, Blumenkohl-Bolognese.

## Dein Lieblingsrezept

Hier hast du Platz, um ein Gericht aus deiner Kindheit einzutragen. Überlege mal, was hast du am liebsten gegessen? Und wie wurde das noch mal zubereitet? Falls du dich nicht erinnern kannst: Zeit, mal wieder deine Mutter anzurufen oder deinen Vater, der hat sicher auch ein paar Kochtipps auf Lager.

# 12. DU KÖNNTEST MAL WIEDER ETWAS BACKEN

Angefangen hat die menschliche Backtradition mit dem Brot, aber auch der Kuchen hat eine lange Geschichte. Im römischen Reich der Antike verwendete man zum Backen zwar schon Hefe, aber der Kuchen in der heutigen Form war noch nicht erfunden. Im Mittelalter wurden süßes Brot oder Früchtebrot serviert, doch auch das war noch kein Kuchen, wie wir ihn kennen. Bevor es zu »modernen« Kuchenrezepten kam, mussten im 16. Jahrhundert erst einmal der feine Zucker und der Biskuitteig erfunden werden. Die Entwicklung der Springform im 17. Jahrhundert, die neuen exotischen Zutaten Kakao und Vanille im 18. Jahrhundert und die Einführung von Speisesoda und Backpulver ab dem 19. Jahrhundert brachten die Konditoreien entscheidende Schritte Richtung Geburtstagskuchen und Hochzeitstorte.

## Magie in deiner Küche

Heute sind Herd und insbesondere Backofen magische Orte in der Küche. Es dürfte zum ältesten Zauber und zur ältesten Zauberrezeptur der Menschheit gehören, aus einem einfachen Getreidebrei so etwas Kräftigendes und Nahrhaftes wie Brot oder eine so wohlschmeckende Leckerei wie einen Kuchen herzustellen. Nicht nur Kinder sind beeindruckt, wenn aus etwas Mehl, Hefe oder Sauerteig und ein paar weiteren Zutaten eine wundervolle Köstlichkeit wird. Du kannst das auch, keine Frage! Wenn du schon einmal an eigenen Rezepturen gescheitert bist oder Angst davor hast, kannst du dir auch im Supermarkt eine Backmischung kaufen. Kreative Variationen mithilfe dieser Fertigprodukte können dich und deine Gäste ebenfalls überraschen – schau einfach mal in der Küche der Villa Glück vorbei, dann fällt dir schon etwas ein.

## Gebackenes Glück in zwei Minuten

Back mal einen Cupcake! Cupcakes sind kleine Kuchen, die in Backformen oder eben in einer cup = Tasse gebacken werden. Das geht schnell, und man benötigt noch nicht einmal unbedingt einen Backofen – es geht auch in der Mikrowelle, und dann auch noch sehr schnell …

### Zutaten

- 4 EL Mehl (es funktioniert auch mit Vollkorn)
- 3 EL Zucker
- 2 EL Kakaopulver
- 3 EL Milch
- 3 EL Sonnenblumenöl (oder ein anderes Öl ohne Eigengeschmack)
- 1 Ei

### Zubereitung

Mehl, Zucker und Kakao in der Tasse oder in der kleinen Backform vermischen, die Flüssigkeiten hinzugeben und alles gut durchrühren. In der Mikrowelle bei 1000 Watt dauert es nur ungefähr zwei Minuten, bis der Cupcake fertig ist. Die Tasse oder die Form stürzen, etwas abkühlen lassen und mit einem Klacks Sahne oder etwas Eis (Joghurt oder Vanille) genießen.

Keine Mikrowelle? Natürlich eignet sich auch der Backofen für Cupcakes. Die Möglichkeiten sind – je nach Rezept – sogar vielfältiger, aber für Ungeduldige ist der Cupcake aus der Mikrowelle unschlagbar. Im Backofen dauert es bei 180 Grad Celsius und auf der mittleren Schiene immerhin 25 bis 30 Minuten, bis man das duftende Gebäck herausnehmen kann.

# 13. LADE ZUM DREI-GÄNGE-MENÜ

Deine Kochexperimente sind von Erfolg gekrönt? Du hast dich in der Villa Glück sehr viel mit der Küche und Rezepten auseinandergesetzt. Wie durch ein Wunder haben sich dort alle Zutaten in leckere Gerichte verwandelt – aber du willst nicht immer allein essen? Dann frag bei Freunden oder deinen Nachbarn nach, ob sie nicht mal zum Essen kommen mögen.

## Auf die Plätze, fertig, Plan!

Vorspeise, Hauptgericht, Dessert sollte es schon geben. Aber das Menü muss dich nicht an die Grenzen deiner Kochkünste führen. Ein kleiner Wildkräuter-Salat aus dem Garten oder eine Kürbissuppe als Vorspeise, ein Toast Hawaii oder ein Mangold-Gemüse mit Risi Bisi von Wildreis als Hauptgericht und ein selbst gekochter Vanillepudding werden alle glücklich machen. Deine erlesenen Speisen lassen sich auf eine besondere Weise aufwerten, die man im häuslichen Bereich nicht unbedingt erwartet. Hier ein paar Tipps, wie das Abendessen gelingt.

### Tischdeko für Fortgeschrittene

Auch ein gutes Bild braucht einen angemessenen Rahmen. Bei deinem Gastmahl ist dies die Tischdekoration. Selbst alltägliche Speisen gewinnen in der Wahrnehmung deiner Gäste an Geschmack, wenn das Ambiente stimmt, und ja, die Tischdekoration hat großen Einfluss auf die Atmosphäre bei Tisch. Es muss nicht unbedingt fürstliches Kristall und Geschirr sein. Du könntest dein Gastmahl unter ein einfaches Motto stellen. Die Jahreszeiten sind ein gutes Thema. Du findest dein Dekomaterial – vielleicht mit Ausnahme des Winters – bei einem Spaziergang draußen, durch deinen Garten oder einen Park: Blüten, Blätter und Früchte.

# Rezepte

## Der perfekte Gastgeber

Wenn dein Gastmahl zu einem unvergesslichen Erlebnis für alle Beteiligten werden soll, solltest du einige Regeln beachten, die dir helfen werden, dein wichtigstes Ziel als Gastgeber zu erreichen: Dein Gast ist König. Keine Angst, es ist kein strenger Gesetzeskodex, die meisten Gastgeber-Tipps liegen eigentlich auf der Hand.

### Sei kein Selbstdarsteller

Biete lieber deinen Gästen eine Bühne! Erzähle nicht immer deine Geschichten, so spannend sind sie vielleicht nicht, und spätestens beim zweiten oder dritten Treffen am Esstisch bist du in Gefahr, dich zu wiederholen. Lass besser deine Gäste ihre Erlebnisse erzählen. Sie mögen es, wenn du ihnen zuhörst.

### Mische deine Gästeliste bunt durcheinander

Freue dich über ungewöhnliche Konstellationen, die einen spannenden Verlauf deiner Mahlzeit garantieren, und rechne auch mit spontanen Besuchern an deiner Tafel.

### Lass dir von deinen Gästen helfen

Sie sind sich nicht zu schade, die Spülmaschine einzuräumen oder Speisen für den nächsten Gang aus der Küche zum Tisch zu tragen. Ganz im Gegenteil, es macht sie glücklich, und sie freuen sich darüber, gebraucht zu werden.

### Nimm dir Zeit für den Abschied

Nimm dir für jeden deiner Besucher ein paar Minuten Zeit. Deine Gäste wollen wiederkommen, wenn sie beim Gehen spüren, dass du ihre Gesellschaft geschätzt hast. Und vermutlich werden sie sich auch freuen, dich in ihrem Haus als Gast begrüßen zu dürfen.

# 14. MARMELADEN-GLÜCKSEXPERIMENTE

Selbst gemachte Marmelade ist ein großartiges Gastgeschenk. Und auf diesem Gebiet kannst du selbst ausgesprochen kreativ werden, ja, mehr noch, nämlich wilde Experimente wagen. Und das nicht nur in deiner Fantasie. Du bekommst das jeweilige Ergebnis deiner kreativen Marmeladenküche hübsch verpackt in einem Glasgefäß, wovon es in den meisten Haushalten eine Menge gibt. Wenn du auf diesem Gebiet an Erfahrung und Expertise gewinnst, wirst du auch stets einen kleinen Vorrat an Gastgeschenken bereithalten können. Welcher Gastgeber bekommt nicht gern ein liebliches, hübsch beschriftetes Glas Feigenmarmelade oder Johannisbeerkonfitüre geschenkt?

Übrigens: Ein ganz besonderes Geschenk ist der wunderbare süße Duft, der in der ganzen Villa Glück wahrzunehmen ist, wenn wieder jemand Marmelade kocht.

## Holunder, Orange, Vanille und Veilchen

Von der einfachen Erdbeermarmelade ausgehend, für die wir dir auf der nächsten Seite das Rezept servieren, kannst du ins Reich der Exotik vorstoßen. Die Möglichkeiten, Marmelade zu kochen, sind unendlich groß. Manche Kreationen haben ihre Schwierigkeiten – Holunder-Bananen-Rum-Marmelade kocht man nicht mal eben so. Andere Geschmacksrichtungen klingen außerdem verrückt: Zucchini-Vanille, Veilchen, Zitrone, Erdbeer-Rote-Bete, Earl-Grey-Tee-Gelee, Löwenzahn, Paprika-Orangen, Pfirsich-Ingwer, Apfel-Zimt … Was sie jedoch alle gemeinsam haben: Sie machen deine Küche zu einem Ort kleiner Wunder, mit denen jedes Frühstück zum Erlebnis wird.

## Der Klassiker: Erdbeermarmelade

Mit dieser Anleitung wird auch der erste Versuch der Marmeladenküche gelingen.

### Zutaten

- etwa 1000 g Erdbeeren, tiefgefroren
- 500 g Gelierzucker 2:1

### So wird's gemacht

- Die tiefgefrorenen Erdbeeren in einen Kochtopf geben und auftauen lassen.
- Mit einem Pürierstab so weit zerkleinern, wie es gewünscht ist. Sollen viele oder eher wenige ganze Früchte in der Marmelade sein? Das ist Geschmackssache.
- Nun die Erdbeeren zum Kochen bringen und den Gelierzucker langsam einrieseln lassen. Den Zucker gut verteilen, die Masse circa drei Minuten sichtbar köcheln lassen. Wichtig: Dabei ununterbrochen rühren, damit nichts anbrennt.
- Nach drei Minuten Kochen kann die Marmelade in die bereitgestellten, mit heißem Wasser gereinigten Gläser eingefüllt werden. Die Menge reicht für circa vier durchschnittlich große Marmeladengläser. Möglichst bis zum oberen Rand einfüllen, denn nachdem der Deckel aufgesetzt wurde, sollte das Glas umgedreht werden. Es entsteht so ein Unterdruck unter der Marmeladenmasse. Die Marmelade wird nach drei bis sechs Stunden ausgekühlt und ausreichend fest geworden sein. Die Gläser können wieder gedreht werden, und du kannst den ersten Löffel selbst gemachte Marmelade probieren.

# 15. SCHREIBE KOCHGESCHICHTE

Deine zunehmenden Erfolge in der Küche werden dich möglicherweise so sehr beflügeln, dass du nach mehr strebst. Kombiniere bisher nie da gewesene Lebensmittel miteinander, kreiere – allein oder mit Freunden – ein eigenes Gericht, und gib ihm einen neuen Namen. Lasse dich dabei von deiner sinnlichen Wahrnehmung leiten. Überlege, welche Lebensmittel zusammenpassen könnten, wenn du sie wie zufällig miteinander mischst. Die Erfahrung zeigt: Erdbeermarmelade und Matjeshering sind sich nicht unbedingt miteinander grün.

## Abenteuerliche Gerichte

Wer gewinnen will, muss etwas wagen. Fleisch mit Gemüse und Kartoffeln zu kombinieren oder die bewährten vegetarischen und veganen Zutaten immer wieder auf neue Weise durcheinanderzumischen – kein Problem! Das kann nicht schiefgehen und vermutlich auch nicht schlecht schmecken – höchstens langweilig. Beispiele für die kreative Küche gibt es sowohl unter Sterneköchen als auch in ganz normalen Kochclubs, vielleicht in deinem Stadtviertel.

Wer kam in Irland auf die Idee, Schokoriegel in das Grillfett zu tauchen? Und wer hatte den Mut, den Schokoriegel im Blätterteigmantel zu kreieren? Beides lässt sich leicht nachkochen und bringt eine Menge Spaß in die Küche deiner Villa Glück. Todesmutige Köche wagten sich in Schweden an Surströmming, vergorenen Hering in Salzlake, oder in Island an Hakarl, verfaulten Hai. Nein, hier hält sich das Glückspotenzial wohl in Grenzen.

## Kreiere deine eigenen Ideen

Mehr Vergnügen versprechen erste Versuche auf dem Gebiet der Suppen, da kann nicht allzu viel schiefgehen. Oder versuche es mit gefüllten Pizzabrötchen, Wackelpudding mit Schokoladengeschmack,

Chili-Sauerkraut oder Hering mit Preiselbeeren. Wo sonst kannst du noch solche echten Abenteuer erleben, wenn nicht in der Küche deiner Villa Glück? Du wirst immer kreativer in der Küche? Dir gelingen Kreationen, die nicht nur dir, sondern auch deiner Familie und deinen Gästen schmecken? Zeit, deine Leistungen zu dokumentieren und für die Nachwelt festzuhalten!

## Führe ein Rezept-Tagebuch

Besorge dir ein möglichst geschmackvolles Buch mit vielen leeren Seiten. Notiere die Zutaten und die wichtigsten Tipps für die Zubereitung, damit dir deine gut geratene Speise auch ein zweites Mal gelingen kann. Nebenbei kannst du natürlich auch deine mehr oder weniger alltäglichen Gedanken in dieses Buch schreiben, während du auf die Nudeln im Topf oder den Auflauf im Backofen wartest. Mit der Zeit entsteht so ein sehr ungewöhnliches und vermutlich auch lesenswertes Buch der Küchenliteratur, das einmalig ist.

### Platz für erste Notizen

# 16. ERFINDE DEIN EIGENES BROT

Schließe für einen Moment die Augen. Und nun stelle dir vor, du bist gerade ganz früh morgens in Paris unterwegs. Du stehst an einer Kreuzung im 18. Arrondissement, irgendwo zwischen Sacré-Cœur und Place du Tertre, plötzlich erreicht dich ein wunderbarer Duft. Es riecht nach Croissants, Pains au Chocolat, frischem Baguette. Als du die Augen öffnest, stehst du vor einer Bäckerei, aus der ein warmer Luftzug strömt und dich magisch anzieht. Frisch gebackenes Brot ist Glück in seiner reinsten Form. Es steht für Nahrung, Wärme, Heimat. Warum reist du in deiner Küche nicht öfter in ferne Welten? Dafür braucht es nur ein wenig Zeit und ein paar gute Brot-Rezepte.

## Backstube à la Villa Glück

Brot zu backen ist nicht schwer. Jedes Land, jede Kultur hat ihre eigenen Rezepte, teilweise über Jahrhunderte kultiviert und weiterentwickelt. Gerade in Deutschland gibt es ein sehr vielfältiges Angebot an Backwaren. Überlege dir, welches Brot du am liebsten isst, und stelle es einfach mal selbst her. Das Grundrezept für den Teig richtet sich danach, welche Art von Brot du backen willst: ein helles Weißbrot, ein Roggenmischbrot oder ein reines Vollkornbrot. Du musst dich auch entscheiden, ob du einen Hefeteig oder einen Ölteig verwenden willst. Über ein Rezept hinaus brauchst du einige weitere Kenntnisse: Wie lange muss der Teig gehen, wenn es ein Hefeteig ist? Wie heiß soll der Backofen sein? Wie lange muss das Brot im Backofen bleiben? Alles in allem keine einfache Sache. Daher beginnen wir auf der nächsten Seite mit einem denkbar simplen Rezept.

## Schnell und einfach: Fladenbrot aus der Pfanne

### Zutaten

- 20 g frische Hefe
- je 1 TL Zucker und Salz
- ca. 250 ml lauwarmes Wasser
- 500 g Mehl (weißes Mehl, Typ 1050 oder mit einem Anteil an Vollkornmehl)

### Zubereitung

Hefe und Zucker in das Wasser geben, Mehl und Salz dazugeben, alles zu einem Teig vermengen. Der Teig muss gehen, bis er sein Volumen in etwa verdoppelt hat. Dann die Fladen formen, je nach Größe der Pfanne und gewünschtem Durchmesser werden es 6 bis 10 Stück.

Die Fladen in die vorgeheizte Pfanne geben, bei halber Hitze backen. Bei beschichteten Pfannen funktioniert das ohne Öl oder Fett oder mit nur wenig davon. Die Fladen häufig wenden, weil sie sonst an der Pfanne haften bleiben. Das fertige Fladenbrot auf einem Teller stapeln und abdecken, damit die ersten Fladen warm bleiben, bis alle fertig sind.

### Hmm, lecker

Essen lassen sich die Fladen am besten wie ein Wrap, in den sich zum Beispiel Kräuterquark, Salat oder auch etwas Käse einwickeln lassen.

# 17. IM PASTA-RAUSCH: NUDELN SELBST GEMACHT

Waren wir eben noch in Paris, geht es heute weiter nach Italien. Hier wurde die Pasta erfunden und zur Glücksgarantie gemacht. Nudeln sind Lebensmittel mit besonderer Wirkung: Sie erzeugen warme Gefühle. Wer verbindet mit einem Nudelgericht nicht eine angenehme Situation voller Zufriedenheit, liebe Menschen rund um einen Esstisch, die mit roter Soße um ihre Münder endlos lange Nudeln um ihre Gabeln wickeln und alle zu den Pasta-Fans gehören? In jeder Erinnerung an die Kindheit taucht dieses Bild auf, auch wenn es nicht im Familienalbum zu finden ist. Nicht umsonst sagen mehr als ein Drittel der Erwachsenen, dass Nudeln zu ihren Lieblingsgerichten zählen. Also, warum nicht mal Nudeln selbst machen. Wetten, das verdoppelt das schöne Gefühl!

## Pasta wie in Bella Italia

Das schnellste Glückserlebnis bringen selbst gemachte Nudeln à la Villa Glück – Mehl und ein Ei mit etwas Wasser so lange kneten, bis ein weicher, geschmeidiger Teig daraus geworden ist. Als sensitiver Mensch wirst du erkennen oder dir vorstellen können, welche Konsistenz dieser Tag haben sollte. Den Teig auf einer mit Mehl bestreuten Fläche mit einem Nudelholz oder etwas Ähnlichem ausrollen und mit einem Tafelmesser in dünne, circa einen Zentimeter breite Streifen schneiden. Die kannst du entweder zum Trocknen aufhängen oder direkt als Frischnudeln in kochendes Wasser werfen. Guten Appetit – eine wohlschmeckende Soße entsteht schon aus Frischkäse, etwas Butter und viel Knoblauch.

## Zeit für ein paar Erinnerungen

Zu einer guten Pasta passt eine leicht scharfe, in jedem Fall gut würzige Tomatensoße. Und sicher wäre hier auch der perfekte Ort, um dir ein Rezept dafür zu reichen. Aber um dein Glücksgefühl zu steigern, erwartet dich hier ein etwas anderer Tipp. Nimm dir ein paar Minuten, und reise gedanklich in die Vergangenheit, überlege, wann du das letzte Mal eine richtig gute Pasta gegessen hast. Erinnerst du dich an deine ersten Nudeln? Oder an ein ganz bestimmtes Gericht? Dann wird es Zeit, diese Erinnerungen zu Papier zu bringen. Belohne dich danach am besten mit einer Portion Pasta all'arrabbiata. Hmmm!

# 18. TIERE IN DER VILLA GLÜCK

Es ist dein Haus, und in deiner Villa Glück gibt es genau die Haustiere, die du dort haben möchtest: die niedlichsten, possierlichsten, neugierigsten und intelligentesten kleinen Lebewesen, die man sich nur vorstellen kann, und auch scheue Wesen, die man kaum bemerkt. Vielleicht turnen auf der Veranda Glücksaffen, für jeden Sitzplatz gibt es eine eigene Kuschelkatze. Für musikalische Unterhaltung sorgen ganze Schwärme von Nachtigallen, wenn du es möchtest, und deine Augen können sich an den Farben der Papageien und Kakadus erfreuen, die genau zu den Pflanzen im angrenzenden Garten passen.

## Ein traumhaftes Haustier?

Du könntest dir ein Haustier aussuchen, ihm einen Namen geben und dir vorstellen, wie es sein wird, mit ihm zu leben. Auf diese Weise hast du schon einmal den größten Teil des Vergnügens, den du mit einem Haustier erleben kannst – und du umgehst all die Gassi-Expeditionen im strömenden Regen, die Warterei bei den teuren Tierarztbesuchen, all den Ärger mit den Häufchen und den Pipibächen auf Bürgersteigen, die Beißereien mit anderen Rüden und die lästigen Probleme damit, eine ungewollte Trächtigkeit zu verhindern. Ein Plädoyer also für ein Leben ohne ein reales Haustier?

In gewisser Weise schon. Wenn du dich jedoch darauf einlässt, ein echtes Tier zum Lebensgefährten zu machen, wirst du dafür auch mit großartigen Erfahrungen belohnt – allein schon mit der einen, dass man dies alles gestemmt bekommt.

## Hier findest du deinen Haustier-Zoo

An einem Ort wie der Villa Glück gibt es tausend Möglichkeiten für Wunsch- und Kuscheltiere, auch für solche, die nur in deiner Fantasie herumtollen. Niedliche Ohren, süße Nasen und putzige Pfoten – vielleicht magst du das eine oder andere Tier aus deinen Traumvorstellungen zeichnen. Wie wäre es mit einem rosa Elefanten? Natürlich nur so groß, dass er neben dir in deinem Bett schlafen kann. Oder möchtest du einen Drachen? Vielleicht kann er sogar Feuer speien, aber eigentlich ist er ganz freundlich. Du magst lieber Einhörner? Dann mal dir eines! Es soll sie in den tollsten Farben geben.
Los geht's:

# Glückszentrale Wohnzimmer

Ein Wohnort wie die Villa Glück hat verschiedene Zentren, in denen sich das Leben abspielt. Dreht es sich in der Küche zumeist um Essen und Trinken, so ist das Wohnzimmer der Ort für das gesellige Zusammensein, für den Austausch mit anderen Menschen und die Erfahrungen, die man dabei machen kann. Wie sich dieser soziale Umgang abspielt und welche Qualität die zwischenmenschlichen Kontakte besitzen, kannst du selbst beeinflussen. Auf den folgenden Seiten haben wir ein paar Ideen zur Inspiration versammelt. Entdecke weitere Glücksrezepte deiner Villa Glück!

# 19. DEIN TRAUMZIMMER: SO MACHST DU ES DIR SCHÖN

Wenn du magst, kannst du auf dieser Doppelseite zur Innenarchitektin oder zum Innenarchitekten werden. Das geht in deiner Fantasie, aber auch im echten Leben. Suche dir dafür ein Zimmer aus, das du gestalten willst – das Wohnzimmer etwa –, und lass dich von folgenden Tipps inspirieren:

### Farben und Stoffe

Alles beginnt mit einer Renovierung, denn es kommt nicht nur auf die Möbel in deinem Raum an. Eine große Wandfläche, in der richtigen Farbe gestrichen (zurzeit in Mode: taubenblau, lindgrün, salbeigrün) verändert die Atmosphäre in einem Zimmer zum Positiven. Wähle wasserlösliche, lösungsmittelfreie Farben! Dazu farblich passende Vorhänge, Kissen, Decken und ein Läufer auf dem Boden runden das Bild ab. Achte darauf, dass in dieses besondere Zimmer nur Naturtextilien kommen! Entweder wählst du das Ton-in-Ton-Verfahren oder entscheidest dich für einen bestimmten Farbkontrast.

### Das perfekte Licht

Für die richtige Lichtstimmung und ein gemütliches Ambiente ist es immer empfehlenswert, nicht nur auf eine Deckenlampe zu setzen, sondern das Licht durch mehrere indirekte Lichtquellen im Raum zu verteilen. Eine kleine Lampe auf deinem Regal oder eine Leselampe Richtung Wand gedreht, sorgen für eine warme und einladende Atmosphäre und ein gleichmäßiges Licht. Nicht zu vergessen sind Kerzen, die den Raum in eine besonders warme Stimmung eintauchen.

## Die Möbel – es muss nicht immer neu sein

Auch ein geschenktes **Sofa** kann bequem sein – und ist zudem ökologisch äußerst nachhaltig. Sieh dich in den Annoncen um – irgendjemand findet sein Sofa immer zu groß, zu klein, zu bunt oder irgendwie anders unpassend, sodass er es für kleines Geld oder sogar umsonst abgeben möchte. Bei deinem **Tisch** gibt es viele Möglichkeiten, für kleines Geld ein tolles Unikat zu finden (oder selbst zu machen). Des einen Müll ist des anderen Schatz! Du kannst eine alte Kabeltrommel oder einen Couchtisch aus alten Wein- oder Obstkisten zu einem Hingucker werden lassen. Dazu ein paar Sitzkissen – fertig! Deine **Regale** kommen dir zu leer vor? Ein paar ausgesuchte Dekorationsstücke (nicht zu viele, nicht zu bunt und vor allem nicht aus Plastik) beleben das Bild. Ein paar Zwei-Euro-Vasen vom Flohmarkt, die in den Farbklang des Zimmers passen, machen das Bild perfekt.

## Pflanzen bringen Leben

Nun zum Grünzeug, das unsere Wohnräume so lebendig macht: Viele kleine Pflanzen bringen Leben in das Zimmer – es muss nicht immer ein großer Topf mit einer gewaltigen Zimmerpalme sein. Viele Pflanzen wachsen gern von oben nach unten. Hängegewächse kannst du auf kleinen Regalen oder in an Ketten hängenden Töpfen hoch oben in deinem Zimmer platzieren. Das macht zwar etwas Arbeit beim Gießen, vielleicht brauchst du eine Trittleiter, aber deine Pflanzen können sich frei entwickeln und wachsen zu schönen Exemplaren heran. Besonders in Altbauten, wo die Zimmer einiges an Höhe zu bieten haben, ist das empfehlenswert. Geeignete Pflanzenarten sind hierfür die Grünlilie, der Kletternde Philodendron, der Frauenhaarfarn und verschiedene Arten von Efeu. Einen sehr schönen Effekt erzielst du auch mit der Leuchterblume, die auf Englisch *String of Hearts* genannt wird, oder mit der Erbsenpflanze *(String of Pearls)*, die beide fast wie eine Gardine aus einem Ampeltopf oder an deinem Regal hinunterwachsen.

# 20. SCHÖNES SEHEN LERNEN

Was man besitzt, sieht man nicht, stellte der deutsch-schweizerische Schriftsteller Hermann Hesse fest. Man muss dem großen Dichter recht geben. Mit der Zeit wird mancher blind für die Dinge, die im Alltag gegenwärtig sind. Du vergisst ganz einfach, dass du in einer schönen Umgebung lebst, und nimmst das dich umgebende, sehr ästhetische Ambiente nicht mehr wahr. Indem du dir die Details deiner Wohnung wieder auf neue Weise vor Augen führst, gewinnst du neue Schönheit zurück.

## Viele kleine Kunstwerke

Fotografiere einfach Details aus deiner Einrichtung, und schau dir die Bilder in aller Ruhe an oder – noch besser – betrachte Teilausschnitte deines Wohnraums durch einen kleinen Bilderrahmen. Deine Wohnung ist eigentlich eine Ausstellung schöner Wohnaccessoires, eine Galerie voller dekorativer Kunstwerke, die zum Teil aber noch entdeckt werden müssen.

## Neu arrangieren

Deine Kunstwerke kannst du noch besser zur Geltung bringen, indem du die Dinge in deinem Wohnzimmer in gewissen Zeiträumen neu arrangierst. Löse einzelne Gegenstände – eine Vase, eine Schale oder einen Kerzenleuchter – aus ihrem bisherigen Zusammenhang und ordne sie neu. An einem neuen Ort entfalten sie auch eine frische, für das Auge des Betrachters stärkere Wirkung. So entstehen andere, bisher nicht gesehene Verbindungen und ästhetisch beeindruckende Resultate – so lernst du, neu zu sehen.

## Kleine Zeichenstunde

So, jetzt bist du dran. Zeichnen macht Spaß, lässt dich zur Ruhe kommen und verbessert – wenn du dich von ersten Fehlversuchen nicht frustrieren lässt – deine Feinmotorik und deinen ästhetischen Blick. Lerne, die Welt neu zu sehen und sie nach deinen Vorstellungen zu gestalten. Setze dich in deinen Lieblingssessel, nimm einen Zeichenstift zur Hand, und zaubere aufs Papier, was du siehst.

# 21. GRÜNDE EINEN LESECLUB

Sprich mit Freunden oder Freundinnen über die Bücher, die ihr gerade lest oder bald lesen möchtet. Wenn du ein Buch liest, trittst du ein in einen Dialog mit einer Schriftstellerin oder einem Schriftsteller. Es geht um ein Thema, das dir am Herzen liegt. Bücher hinterlassen oft einen tiefen Eindruck, bringen Bewegung in dein Seelenleben und prägen deine Wahrnehmung – sie liefern dir Erfahrungen und Erlebnisse, über die du mit anderen Menschen reden möchtest. Mit diesem Wunsch bist du bestimmt nicht allein, und deshalb wird deine Idee, eine Art Lesezirkel ins Leben zu rufen, sicher in deinem Freundeskreis auf Interesse stoßen.

## Frag einfach mal nach

Es müssen nicht gleich zwölf Philosophen sein, die sich über die Themen eines Buches auseinandersetzen. Für einen Dialog reichen schon zwei Personen. Es ist wunderbar, ein Buch zum Anlass zu nehmen, um mit jemandem ein tiefergehendes Gespräch zu führen. Auch eine kleine Gruppe entwickelt ein starkes Zusammengehörigkeitsgefühl, wenn ein gemeinsames Interesse die Teilnehmer verbindet. Dabei müsst ihr nicht Shakespeare oder Goethe lesen. Die heutige Literatur hat spannende Geschichten zu bieten, und auch Sachbücher bringen besondere Erkenntnisse. Was die Freude noch steigert: ein paar selbst gemachte Kekse und eine Runde Cappuccini oder Tee für alle. Auf der nächsten Seite findest du Tipps für eure Lektüre. Schlage deinen Freunden drei Bücher vor, und setzt einen Termin fest. Wer weiß, vielleicht wächst hier eine neue Institution. Das literarische Quartett in der Villa Glück.

## Magisches, Spannendes, Bewegendes: Büchertipps

Vielleicht findest du schon eines der folgenden Bücher in deinem Regal. Falls nicht, könnte die Neuanschaffung einigen Lesespaß bringen.

### Italo Calvino: Der Baron auf den Bäumen

Der italienische Schriftsteller erzählt auch schon mal Geschichten, in denen man den Mond mit einer Leiter erreichen kann, oder einen Reisebericht über unsichtbare Städte. Hier erzählt er ein wunderbares Märchen, das ängstlichen und zaghaften Menschen Mut machen kann.

### Ken Mogi: Nagomi Der japanische Weg zu Harmonie und Lebensfreude

Der japanische Neurowissenschaftler schreibt über ein ganzheitliches Lebenskonzept, wie man es in seinen Alltag integrieren kann und dass zum Glück auch das Unglück, zur Liebe der Verlust, zum Altruismus der Eigennutz und zum Vergnügen die Arbeit gehört.

### Hermann Hesse: Siddharta

Ein Lieblingsbuch der Hippie-Generation erzählt die Geschichte von der Selbstbefreiung eines jungen Menschen aus familiärer und gesellschaftlicher Fremdbestimmung hin zu einem selbstständigen Leben. Erkenntnis ist nicht durch Lehren zu vermitteln, sondern kann nur durch eigene Erfahrung erworben werden.

### Randall Munroe: What if? Was wäre wenn

Dieses Buch beantwortet die verrücktesten Fragen auf hochwissenschaftliche und umwerfend kreative Weise. Kostprobe: Wie viele Menschen müsste ein Tyrannosaurus fressen, um seinen täglichen Kalorienbedarf zu decken?

### Thomas More: Utopia

Dies ist die erste Utopie der Neuzeit! Thomas More schrieb sie zu Beginn des 16. Jahrhunderts, und sie erzählt von der Insel Utopia, einem Staatswesen idealer Lebensordnung, die Frieden und Glück für alle Mitglieder der Gemeinschaft sichert.

# 22. SORTIERE DEIN BÜCHERREGAL NEU

Sortiere dein reales Bücherregal neu, und entdecke dabei Romane und Erzählungen, Sachbücher und Biografien, die du lange vergessen hattest. Es gibt mehrere Arten, ein Buch zu besitzen. Die einfachste: Du hältst ein Stück Papier in Händen, das dir aber nicht allzu viel sagt. Vielleicht war es ein Geschenk, und du hast es noch nicht einmal gelesen oder angeschaut. Zu einer zweiten Gruppe gehören Bücher, die ihre Vergangenheit haben. Du hattest eine Zeit mit ihnen, in der sie dir manches bedeuteten, doch gerieten sie dann wieder in Vergessenheit. Die dritte Gruppe, das sind die wichtigsten Bücher: Sie stehen nicht mehr im Regal, sondern haben Spuren in deinem Kopf hinterlassen. Ihr Inhalt ist dir immer gegenwärtig.

## Fehlen wichtige Werke?

Zum Schluss gibt es noch eine Gruppe von Büchern, Geschichten und Romanen, die du mal gelesen hast, heute aber nicht mehr materiell besitzt, weil der Strom der Zeit sie irgendwie und irgendwo mitgenommen hat. Überlege, welche Bücher das waren, und ordne sie in deinem virtuellen Regal ein oder entscheide dich dafür, eine neue Ausgabe zu kaufen und dich ein zweites Mal mit ihnen zu befassen, wenn sie dir wirklich wichtig sind. Wer weiß, vielleicht fällt dir ja sogar ein, welcher liebe Mensch das Buch ausgeliehen haben könnte und nur vergessen hat, es zurückzugeben?

## Die Chronik deiner Bücher

Hilfreich könnte es sein, eine Art Zeitstrahl des Lesens aufzuzeichnen: Welches Buch hat mich in welchem Jahr besonders beeindruckt? Welches hat meine Gedanken vielleicht über einen längeren Zeitraum, möglicherweise über Jahre gefesselt?

## Geschichte deines Lebens als Buchregal

Im Laufe seines Lebens liest der Mensch viele verschiedene Bücher. Wie war das bei dir? Kannst du dich noch erinnern, was dein liebstes Bilderbuch war? Und als Teenager, gab es da einen Roman, den du immer wieder zur Hand genommen hast? Welches Buch hat dir geholfen, wichtige Fragen deines Lebens zu beantworten? Und welches hat dich durch eine schwere Zeit geführt? Zeit, dich zu erinnern und eine ganz besondere Chronologie zu entwerfen.

# 23. STELL FRISCHE BLUMEN AUF

Es gibt Menschen, die warten ein halbes Leben darauf, von jemandem einen Blumenstrauß geschenkt zu bekommen. Dabei muss es für einen Strauß schöner Blumen nicht einmal einen besonderen Anlass geben – im Gegenteil. Der Blumenstrauß aus heiterem Himmel bereitet die größte Freude. Am Geburtstag oder zu einem Jubiläum ist ein florales Geschenk mehr oder weniger zu erwarten. Das Größte ist es aber, wenn dir jemand einfach so einen Blumengruß schickt … Was aber, wenn sich niemand findet, der daran denkt? Beschenk dich selbst!

## Beschenke andere Menschen

Auch über einen Rollenwechsel könntest du nachdenken, denn das Schenken macht genauso viel Spaß wie das Beschenkt-Werden – wenn nicht sogar mehr. Suche dir unter deinen Freunden und Bekannten jemanden aus, der es verdient hat, von dir mit einer kleinen blühenden Überraschung beglückt zu werden.

## Nachhaltig Freude machen

Noch eine Überlegung zum Thema Blütengeschenk, die den Gedanken der Nachhaltigkeit berücksichtigt: Schnittblumen sind ausgesprochen kurzlebige Schönheiten. Es werden daher immer häufiger Pflanzen überreicht. Sie können im Topf übergeben werden, und die Beschenkten haben an ihnen über weitaus längere Zeit Vergnügen. Die meisten Pflanzen lassen sich sogar noch vermehren und können so noch mehr Personen eine Freude machen. Bei vielen Pflanzen funktioniert das über Stecklinge: einen frischen Trieb abschneiden und mit der Schnittkante nach unten ins Wasser stellen oder gleich in feuchte Erde stecken.

## Eine kleine Auswahl grüner Freunde

Hier stellen sich fünf Zimmerpflanzen vor, die sich sowohl zum Verschenken als auch als Dekoration für das eigene Wohnzimmer eignen. Diese Pflanzen machen die Wohnung gemütlicher, sie liefern Sauerstoff, erhöhen die Luftfeuchtigkeit, filtern Schadstoffe wie Benzol, Formaldehyd und Xylol aus der Luft und beugen dadurch auch Allergien vor. Und: Sie machen gute Laune!

Die **Efeututе** ist eine Kletterpflanze oder besser gesagt: ein Hängegewächs. Die pflegeleichte Pflanze sollte aufgehängt werden oder einen hohen Standpunkt bekommen, von dem aus sie herabwachsen kann. Dann bildet sie schnell lange Triebe mit saftig-grünen Blättern aus. Vorsicht, die Blätter sind giftig.

Die **Birkenfeige** ist eine pflegeleichte Pflanze, die halbschattige Standorte bevorzugt. Was sie nicht mag, ist allzu viel Bewegung am Standort oder häufige Standortwechsel. Dann verliert sie ihre Blätter.

Die **Grünlilie** bereichert jeden Wohnraum mit ihren frischen weiß-grün gestreiften Blättern. Sie bildet Ableger, mit denen die Pflanze sehr einfach vermehrt werden kann. Die Grünlilie braucht einen hellen Standort. Auch diese Zimmerpflanze reinigt die Luft.

Der **Bogenhanf** wird auch Schwiegermutterzunge oder Stachelzunge genannt, ist eine anspruchslose und pflegeleichte Pflanze aus der Wüste, die wenig Wasser braucht und mit vielen Lichtverhältnissen klarkommt.

Die **Ufo-Pflanze** wächst am besten, wenn sie regelmäßig gedreht wird. Jedes der kreisrunden Blätter der Pflanze will gleich viel Licht abbekommen und richtet sich immer nach der Helligkeit aus. Sie gedeiht auch in kühlen Räumen gut und ist einfach zu vermehren.

# 24. EINE SPONTANE TEEPARTY

Warum machen wir Menschen des westlichen Kulturkreises eigentlich keine japanische Teezeremonie? Weil es sich um ein kompliziertes Ritual handelt, dessen philosophische Grundlagen uns fehlen. Diese Tatsache sollte uns allerdings nicht daran hindern, allein oder mit Freunden unsere ganz eigene Teezeremonie abzuhalten. Den spirituellen Grad bestimmst du selbst, dabei kannst du Anleihen in der asiatischen Philosophie nehmen oder dir selbst neue Regeln schaffen. Lege fest, welcher Kuchen oder welche Kekse gegessen werden, welche Sorte Tee serviert wird und wer die Aktion leitet.

## Die britische Art, Tee zu genießen

Das höchste Glück für viele Bürger von Großbritannien wäre es wohl gewesen, wenn die Königin einmal spontan zum Tee zu ihnen gekommen wäre – das sagt zumindest eine Studie über die beliebtesten Träume der Briten. Sie hätten einiges über die Gewohnheiten ihrer Monarchin zur Teatime wissen müssen.

### Die Vorlieben der Königin

Zum Frühstück bevorzugte Elisabeth II. die Sorte Earl Grey, ein mit dem Öl der Bergamotte-Frucht aromatisierter schwarzer Tee. Über die Teesorte, welche die Queen für die Teatime am Nachmittag bevorzugte, hüllt sich der Palast in Schweigen – Staatsgeheimnis! Der Tee muss lange genug (mindestens drei Minuten) ziehen, denn zuerst kommt die Farbe, dann der Geschmack. In den königlichen Tee gehörte Milch, und zwar genau in dieser Reihenfolge. Zuerst kommt der Tee in die Tasse, dann so viel Milch, bis die Farbe stimmt.

### Royale Scones à la Queen Elizabeth

Hier findest du das Originalrezept, das die Konditoren des Buckingham-Palasts über Instagram verraten haben. Das königliche Teegebäck besteht aus nur sieben Zutaten:
500 g Weizenmehl, 28 g Backpulver, 94 g Butter, 86 g Zucker, 2 Eier, 140 ml Buttermilch und nach Belieben 100 g Sultaninen.
Die Sultaninen 30 Minuten in heißem Wasser ziehen lassen.

### Zubereitung

1. Den Ofen auf 180 Grad Celsius Ober- und Unterhitze vorheizen.
2. In einer Schüssel Weizenmehl, Backpulver, Butter und Zucker vermengen. In einer anderen Schüssel Eier und Buttermilch verrühren, zur Mehlmischung geben, und alles zu einem geschmeidigen Teig verkneten. Wenn gewünscht: Die Sultaninen in den Teig rühren.
3. Den Teig aus der Schüssel nehmen, flach drücken und bedeckt etwa 30 Minuten ruhen lassen.
4. Nun den Teig auf 2,5 Zentimeter Dicke ausrollen, die Scones in der gewünschten Form ausstechen, weitere 20 Minuten ruhen lassen.
5. Die Scones in 10 bis 12 Minuten goldbraun fertig backen, aus dem Ofen holen und vollständig abkühlen lassen.

Manche Mitglieder der königlichen Familie bevorzugen zu ihrem Tee Sandwiches mit Gurken, Kresse, Lachs oder Eiersalat. Elisabeth II. hingegen liebte Scones mit Clotted Cream, einer Art sahnigem Milchrahm, und Erdbeermarmelade. Clotted Cream selbst herzustellen ist aufwendiger, als die Scones zu backen. Quark oder Frischkäse schmecken mit Erdbeermarmelade ähnlich gut.

# 25. SPIELEABEND: NOSTALGIE ZUM ENTSPANNEN

Du könntest mal wieder Monopoly oder Scrabble, Trivial Pursuit oder die Siedler von Catan spielen. Jedes dieser Spiele wird dich in eine neue Wirklichkeit entführen, in der du die Zeit vergisst. Dass du dabei Gesellschaft hast, macht die Sache noch schöner. Wenn du häufiger spielst, wirst du lernen, dass nicht jeder mit jedem spielen kann. Du wirst die Schwachpunkte deiner Mitspieler (vielleicht auch deine eigenen) erfahren, wirst wissen, wer ein guter Verlierer ist und wer nicht, und darauf achten, dass die Konstellation am Spieltisch passt. Denn Streit hat in der Villa Glück nun wirklich keinen Platz.

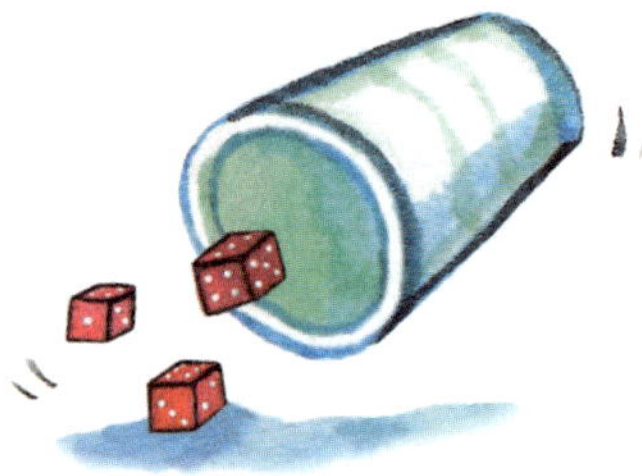

## Erfinde selbst ein Spiel!

Hast du nicht schon einmal davon geträumt, ein ganz neues Gesellschaftsspiel zu kreieren? Ideen hattest du genug, aber es mangelte dir an den Möglichkeiten, etwas zu realisieren? Du hättest einen guten Zeichner gebraucht und dazu auch noch ganz spezielle Materialien für die Spielsteine, und dann ist da ja auch noch der Spielplan? Und die Spielfiguren und die Würfel? Ein Spiel zu erfinden ist heute viel einfacher als früher. Du kannst für kleines Geld vieles kaufen, was dir bei der Realisierung deiner Pläne hilft. Kleine Holzklötzchen in allen Farben, Spielfiguren in den verrücktesten Formen, Würfel im

Würfelbecher zur Farbauswahl und solche mit Zahlen oder mit beidem zusammen. Es soll ein Kartenspiel sein? Auch hier ist es einfacher geworden. Blankokarten mit der Post – du kannst sofort loslegen!

## Spiele aus ferner Vergangenheit

Wenn du in eine andere Richtung denkst, nämlich in die ferne Vergangenheit, dann kannst du Spiele entwerfen, mit denen sich unsere Vorfahren vielleicht auch die Zeit vertrieben haben. Mit Materialien aus Holz, Ton und besonderen Steinen entsteht ein Spiel, das außer dir niemand besitzt – oder nur das paläontologische Museum. Ein Spiel aus der Steinzeit …

### Höhlenmemory

Sammele flache Steine (am besten in einem Bach- oder Flussbett), und bemale sie mit Symbolen, die unsere Vorfahren aus der Steinzeit gekannt haben könnten: Büffel, Bär, Adler, Stern und Sonnensymbole. Immer zwei Steine tragen dasselbe Symbol – sie müssen sich nicht absolut gleichen, Ähnlichkeit genügt. Je mehr Steine und je mehr Symbole, desto schwieriger wird dein Steinzeit-Memory.

### Die vergessene Spielesammlung

Wenn du nicht gleich zurück in die Steinzeit willst: vielleicht gibt es irgendwo in deiner Villa Glück einen etwas abgegriffenen Karton mit der Aufschrift Spielesammlung – nicht wirklich, aber in deiner Erinnerung. Weckt nicht schon diese Vorstellung aufgeregte Gefühle in dir? In diesem Karton gab es Spielsteine für Dame und Mühle, viele kleine Spielfiguren für das alte Spiel Halma und auch ein Spielbrett für Mensch ärgere dich nicht!, das Spiel, bei dem man sich so wunderbar aufregen konnte, wenn man verlor, oder sich unbändig freute, wenn man Tante Erikas Spielfigur rauswerfen konnte … Du hast tatsächlich noch so eine Spielesammlung? Du Glückspilz!

# 26. EINE PARTIE SCHACH UNTER FREUNDEN

Triff dich regelmäßig zu einer Partie Schach. Solche Zusammentreffen trainieren nicht nur dein Gehirn, sondern geben deinen Zeitabläufen auch auf einer mittelfristigen Ebene Struktur. Die Woche fühlt sich in deinem persönlichen Kalender anders und aufgeräumter an, wenn noch der eine oder andere Spieltermin auf dem Plan steht. Wobei ein Spiel mit einem menschlichen Partner Auge in Auge jeder anderen Form vorzuziehen ist. Na klar, du könntest auch gegen einen Computer spielen. Aber zum einen bist du gegen durchschnittliche Programme chancenlos, zum anderen gehören zu einem befriedigenden Spiel auch ein menschlicher Austausch und die Möglichkeit, seine Befähigung an einem vergleichbaren Gegner zu messen.

## So viele Spiele, die auf dich warten

Andere Spiele, die wie auch Schach deine ganze Aufmerksamkeit fesseln können und dich in einen Zustand des Flow, der glücklichen Selbstvergessenheit bringen, zählen ebenfalls zu den Spieleklassikern. **Go** etwa ist ein Spiel aus Japan mit einfachen Regeln, aber einer schier unendlichen Vielfalt an möglichen Strategien. **Gobang** stellt eine vereinfachte Variante des Go dar, bei der es darauf ankommt, fünf Steine in eine Reihe zu bringen, während der Gegner dies zu verhindern sucht, um seine eigenen Reihen zu bilden. **Mahjong Solitär** wiederum ist die einfache Version des großartigen asiatischen Spiels, eine Art Patience mit Spielsteinen. Bei **Domino** geht es darum, Reihen zu bilden, geformt aus zueinanderpassenden Steinen.

## Schach zu lernen ist gar nicht so schwer

Was für ein spannendes Spiel das Spiel der Könige ist, bemerkst du bereits an der Art und Weise, wie sich die Figuren auf dem Brett bewegen. Ein kurzer Überblick:

Du bist Anfänger? Dann schau doch mal zwei Schachspielern zu – du verstehst jetzt besser, was sie tun. Oder spiele mal gegen deinen Computer. Aber sei nicht enttäuscht, denn gegen einen Anfänger gewinnt er immer.

Der **König** ist nicht allzu gut zu Fuß. Er bewegt sich majestätisch langsam immer nur ein Feld in jede Richtung – vorwärts, rückwärts, seitwärts und diagonal.

Die **Dame** hingegen ist die beweglichste Figur auf dem Feld. Sie kann alle Züge, vorwärts, rückwärts, zu den Seiten und diagonal – und bewegt sich über alle Felder, wenn ihr keine eigene Figur den Weg versperrt.

Die **Türme** beherrschen die geraden Linien, vorwärts, rückwärts und seitwärts, aber nicht diagonal.

Entlang der Diagonalen jeweils einer Farbe bewegen sich die **Läufer** – über so viele Felder, wie sie wollen, wenn ihnen keine eigene Figur im Wege steht.

Die **Springer** bewegen sich – wie der Name schon sagt – sprunghaft: zwei Felder vorwärts und eines zur Seite oder ein Feld vorwärts und zwei zur Seite. Sie sind die einzigen Figuren, die über andere hinwegspringen können.

Die **Bauern** sind das Fußvolk auf dem Spielbrett, gehen in geraden Einzelschritten vorwärts, schlagen feindliche Figuren, aber auf dem diagonalen Feld links und rechts vor ihnen. Bei ihrem ersten Zug haben sie die Wahl: einen oder zwei Schritte vorwärts.

# 27. MALE MIT KINDERN DIE WELT VON MORGEN

Es wird ihre Welt sein. Lade deine Enkelkinder oder die Kinder einer befreundeten Familie zum Malen ein. Keine Angst, du brauchst nicht viel! Zeichenpapier und eine Packung bunter Filzstifte oder Wachskreide. Es ist seltsam, als hätte jemand eine Riesenportion Kreativität in die Verpackung gesteckt: Kaum sind die Stifte herausgeholt, schon explodieren die Ideen auf dem Papier. Male selbst mit! Freue dich daran, wie jeder Gedanke einen anderen nach sich zieht, wie aus jedem farbigen Einfall eine ganze neue Welt entsteht. Es ist ein Blick in die Zukunft, der euch hier auf dem Wohnzimmertisch gelingt.

## Eine neue Welt erschaffen

In der Villa Glück ist das ganz einfach: Sie entsteht aus einer Packung Knetmasse. Meist sind es die Kleinen, die mit dem Kneten beginnen, aber bald produzieren alle, die am Tisch sitzen, ihre eigenen Figuren, Menschen, Tiere und fantastischen Lebewesen unbekannter Art. Hier entstehen neue Welten – und du kannst dabei sein.

## Mit Speck fängt man Mäuse!

Eine besonders lustige Art, zu einer schnellen und spontanen Geselligkeit zu gelangen, ist der Einsatz von »Lockmitteln«. Das großartige Waffeleisen produziert »Köder«, welche eine ganze Familie an einen Tisch locken: Waffeln mit Sahne und Erdbeermarmelade.

## Wie sieht deine persönliche Villa Glück aus?

Gibt es Vorhänge? Haustiere? Viele Bücher und immer eine Menge Menschen, die die bunten Zimmer bevölkern. Los, tobe dich aus, und entwirf deine Villa Glück.

# 28. EINEN SCHAL STRICKEN

Handarbeiten gehören zu den wertvollsten meditativen Tätigkeiten. Ein Schal ist ein zum Gegenstand gewordenes Objekt deiner Konzentration. Faszinierend: Ein bisschen Wolle, zwei Nadeln und reichlich Zeit genügen, damit ein Kleidungsstück entsteht, das dich wärmt oder dich passend zu deinem sonstigen Outfit attraktiv schmückt. Hinzu kommt: Einen Schal zu stricken ist relativ einfach und auch für jemanden möglich, der an einem so komplizierten Kleidungsstück wie einem Pullover scheitern würde.

## Du bist im Handarbeitsrausch?

Warum verbesserst du deine Fähigkeiten nicht bei einem Näh- und Strickkurs in der Stadt? Du kannst auch eine versierte Freundin oder einen Freund bitten, dir ein paar Tipps zu geben. Und im Internet findest du viele hilfreiche Online-Kurse für diverse Handarbeiten.

## Patchwork

Du strickst nicht besonders gern, gehst aber gern mit Stoffen und Nähzeug um? Wie wäre es mit dem Versuch einer neuen Technik? In Nordamerika sind Patchwork-Handarbeiten sehr beliebt, hier entstehen großartige, in der Gestaltung beeindruckende Decken, die sogenannten Quilts. Aus Stoffen unterschiedlicher Farbe und Musterung – es dürfen ruhig sehr unterschiedliche Farben und Musterungen sein – entsteht etwas Neues, zum Beispiel die Vorderseite für einen Kissenbezug oder eine kleine Decke (für die Katze?) oder eine größere bis ganz große Patchwork-Arbeit für kühle Abende auf der Veranda.

### Zeit für deinen eigenen Entwurf

Du würdest gern einen Schal stricken oder eine Patchwork-Decke entwickeln? Hier hast du Platz, um deiner Fantasie freien Lauf zu lassen. Wie soll dein neues Lieblingsstück aussehen?

# 29. EINEN NEUEN COCKTAIL MIXEN

In der Villa Glück ist alles möglich. Sie ist ein Ort, an den man sich zurückziehen, stabilisierende Gewohnheiten leben, aber auch Neues testen kann. Das gilt für Gedanken, Spiele und Bücher. Aber auch für Drinks. Lade doch mal wieder ein paar nette Leute ein, und probiere mit ihnen Getränke aus, die du noch nie genossen hast: neue Obstsäfte, Biersorten oder Weine. Um euch dabei in die richtige Mix-Stimmung zu bringen: Überlege, wie sich die sagenhaften Aromen und Geschmäcker unterschiedlicher Getränke miteinander verbinden lassen! Kurz gesagt: Überlege dir einen neuen Cocktail! Manhattan, Tequila Sunrise, Kir Royal – Cocktails schmücken sich mit beeindruckenden Namen. Macht es doch einmal umgekehrt: Erfindet zuerst den Namen und dann den passenden Cocktail dazu …

### Was du brauchst

Wenn du regelmäßig Cocktails mixen willst, lohnt es sich, eine kleine Bar einzurichten. Mit ein paar wenigen professionellen Geräten macht es mehr Spaß. Einen Shaker und eine Zange für Eiswürfel solltest du dir kaufen, andere Dinge wie Messbecher, ein Sieb und Löffel zum Rühren gibt es in jedem Haushalt. Die Eiswürfel liefert dein Kühlschrank, Strohhalme aus Glas hast du vielleicht auch schon angeschafft, um Müll zu vermeiden.

Auch ein kleiner Vorrat an Getränken macht Sinn. Whiskey, Gin, Wodka, Tequila – was man so braucht. Und natürlich Grenadine, Tonic, Ginger Ale, Fruchtsäfte und Limonaden für die alkoholfreien Cocktails.

## Einfache Cocktails zum Genießen

Leckere Cocktails müssen nicht unbedingt kompliziert in der Herstellung sein. Die folgenden gelingen auch Anfängern beim ersten Versuch, die Mengenangaben gelten immer für ein Glas.

### Aperol Spritz

Ein einfach herzustellendes und beliebtes Sommergetränk. Dafür 1 gewaschene Bio-Orange in Scheiben schneiden. Ein Weinglas mit Eiswürfeln füllen und jeweils 5 cl Prosecco und 5 cl Aperol hineingießen. Einen Schuss Sodawasser zugeben und mit einer Orangenscheibe garnieren. Cincin!

### Moscow Mule

Der Cocktail wird gern in einem Kupferbecher serviert, schmeckt aber auch aus dem Glas. 5 bis 6 Eiswürfel in den Becher geben, 3 cl Limettensaft und 6 cl Wodka darübergießen, mit 15 cl Ginger Beer auffüllen. Zum Schluss mit Limettenstückchen, einer Gurkenscheibe oder etwas Minze garnieren. Wohl bekomms!

### Virgin Cuba Libre – Rum-Longdrink

Dieser Cocktail-Klassiker kommt ohne Alkohol aus. Für die Zubereitung ein Viertel einer gewaschenen Limette in ein Glas mit Eiswürfeln geben. Das Eis mit einem Stößel zerkleinern und 4 cl alkoholfreien Rum hinzugeben. Kurz verrühren, mit Cola auffüllen und einer Limettenscheibe schmücken.

### Virgin Pink Panther

Jetzt wird es exotisch-fruchtig. Wer braucht schon Alkohol? 18 cl Orangensaft, 2 cl Kokossirup, 2 cl Grenadine und 1 cl Zitronensaft mit Eiswürfeln im Shaker schütteln, bis der Shaker von außen beschlägt. Den Inhalt in ein Martiniglas gießen, mit Bitter Lemon auffüllen, umrühren und servieren.

# 30. FEIERE EINE PETER-PAN-PARTY

Peter Pan, der Held in einigen Geschichten von James Matthew Barrie, ist ein großartiger Junge, der niemals erwachsen werden will. Er lebt auf der Insel Nimmerland und ist der Anführer der »Lost Boys«, einer Gruppe heimatloser Jungen. Gemeinsam kämpfen sie gegen ihren Widersacher, den Piraten Captain Hook. Und dann spielen noch seine Freundin Wendy, die Fee Tinkerbell und ein Krokodil eine Rolle, das Captain Hook nach dem Leben trachtet. Wenn das alles nicht genügend Stoff für eine Motto-Party ist! So wird sie zum Hit:

## Die Dekoration

Wähle die Farbe der Tischdecke, der Teller und der Servietten passend zu den Farben in Tinkerbells und Peter Pans Kleidung: lila, grün und gelb. Ergänze die Dekoration mit Muscheln, Seesternen und anderen Fundstücken, die du aus dem letzten Sommerurlaub mitgebracht hast.

## Essen und Trinken

Es gibt Fischli, Muffins und Schokoplätzchen, vielleicht auch Fischstäbchen, wenn die »Lost Boys« ziemlich hungrig sind. Ebenfalls sehr beliebt für dein Peter-Pan-Fest ist die Piratenpizza, eine Spezialanfertigung deiner eigenen Küche mit einer Salami- oder Auberginen-Augenklappe und Chili-Entermessern. Captain Hook wird sicherlich begeistert sein, wenn ein Gurkenkrokodil von den Gästen verspeist wird. Gurkenkrokodile sind in jeder Gemüsegurke versteckt, man muss sie nur mit einem Messer befreien. Zur Not tun es auch Krokoletti, wie Krokodile geformte Chips.

## Astronauten oder Elfen: weitere Party-Ideen

Natürlich muss es nicht immer Peter Pan sein – es gibt viele Möglichkeiten für Motto-Partys. Hier eine Auswahl:

### Die Astronauten-Party

Deine Gäste tragen Helme aller Art, die Strahlenwaffen sind auf Belustigung gestellt. Alle essen aus der Tube (zum Beispiel Krabbencreme oder Lachscreme), trinken aus Spritzflaschen und tragen Erkennungskarten mit lustigen Raumfahrernamen wie Stella Starqueen, Lost Rocketman oder Zack Lightbeer. Wenn du sie fragst, ob ihnen die Party gefällt, antworten sie mit: »Roger!«

### Die Elfenparty

Um flatterhafte Kleidung wird gebeten (Einhörner bitte im Hausflur parken), und auf den Platzkarten steht »Albirion«, »Elidiel« oder »Florindel«. Getrunken wird Honigwein und Blütennektar, gegen den Hunger helfen Kräuterbrot und Waldpilzsuppe. Vielleicht geben einige befreundete Hexen einen Flugkursus.

### Die Piraten-Party

Wer will, kommt mit Augenklappe. Säbel und Enterhaken sollten aus Schaumstoff sein. Meerjungfrauen sind ausdrücklich erwünscht. Zu Stockfisch oder Fischstäbchen wird Rum und südamerikanisches Corona-Bier getrunken, und das Ereignis des Abends ist die Schatzkarte, die den Weg zum Sandkasten des nächsten Kinderspielplatzes weist, wo – je nach Alter der Beteiligten – eine Kiste voller süßer Kohlenhydrate oder alkoholischer Reichtum ausgegraben werden kann.

# Das Arbeitszimmer

Was für ein Glück, dass wir lesen und schreiben können! Dadurch können wir unsere Erfahrungen festhalten und weitergeben. Klar, dass sich jeder kulturvolle Mensch in seiner Villa Glück ein Arbeitszimmer einrichtet, auch wenn es in seiner realen Wohnung dafür an Platz fehlt. In der Villa Glück muss man sich um die Anzahl der Zimmer keine Gedanken machen, und so kann man sich das Arbeitszimmer klein und gemütlich vorstellen, erhellt nur von einer geschmackvollen Schreibtischlampe, aber auch offen und hell für große Gedanken.

# 31. DEIN ARBEITSPLATZ – DER PERFEKTE ORT FÜR KONZENTRATION

Ob du nun tatsächlich ein Zimmer frei hast oder dich mit einer kleinen Ecke im Wohnzimmer oder Schlafzimmer bescheiden musst – ein Schreibplatz muss auf jeden Fall her. Einige Vorschläge für Schreibmöbel, die diese Aufgabe übernehmen können, wenn auch einige von ihnen ein bisschen aus der Reihe tanzen:

### Der Nähmaschinentisch

Das gusseiserne Tischchen von Omas Nähmaschine war lange Zeit der Favorit unter den kleinen Arbeitstischen. Es wird aber langsam schwierig, einen zu finden, denn mittlerweile stammt dieses Möbel nicht mehr aus Großmutters, sondern schon eher aus Urgroßmutters Zeiten. Wenn du Glück hast, erwischst du eines auf dem Flohmarkt oder beim Trödelhändler. Für ein Notebook reicht die Fläche allemal, zum Briefeschreiben auch.

### Einfache Lösungen

Zwei Tapezierböcke mit einer Spanplatte darüber sind schnell arrangiert. Etwas Lackfarbe sorgt dafür, dass die Eigenkonstruktion nicht allzu rustikal aussieht. Dort, wo es besonders eng ist, kann man eine Platte mit Scharnieren an der Wand befestigen. Darunter kommt, je nach Konstruktion, ein klappbarer Standfuß. Wird dieser Schreibtisch nicht gebraucht, lehnt er senkrecht an der Wand. Preiswerte Regale in der passenden Höhe eignen sich ebenfalls als solide Basis für einen Schreibtisch, dessen Platte ganz nach Belieben lang sein kann.

### Die Ordnung der Dinge

Zwar wird immer mal wieder vermutet, dass sich das Chaos günstig auf die Geistesleistung von Menschen auswirkt, aber die Wirklichkeit sieht anders aus: Auch in der Villa Glück wird man nicht glücklich, wenn man nicht weiß, was wo liegt oder zumindest, wo man danach suchen muss. Und nein, du bist kein Zwangsneurotiker, wenn du versuchst, auf deinem Schreibtisch den Überblick zu behalten.

### Schluss mit dem Chaos

Gefragt ist zunächst der sauber abgeräumte Tisch: Überflüssiges aus Papier wandert in den Papierkorb, Kaffeetassen in die Spülmaschine, und alle noch benötigten Dokumente, Büroutensilien und elektronische Geräte gehen in Warteposition auf einen zweiten Tisch. Den Tisch abwischen und neu organisieren: Die ausstehende Arbeit wirst du durchsehen müssen. Was muss sofort erledigt werden? Was kann warten? So hast du zwei Stapel auf dem Schreibtisch: WICHTIG und SPÄTER. Nun das Werkzeug: Brauchst du wirklich alles? Ein Dutzend Filzstifte, Kugelschreiber, Marker – was funktioniert noch? Leere Schreibgeräte wandern in den Müll. Taschenrechner, Locher, USB-Sticks: Was davon brauchst du tatsächlich?

### Abends aufräumen!

Das ist wichtig, denn sonst kriecht das Durcheinander langsam wieder zurück. Ein paar Ausrutscher kannst du dir gönnen, Arbeit für morgen darf direkt vor deiner Nase warten, aber Kuchenkrümel, Müsliriegelverpackungen und Pizzakartons räumt niemand weg. Es gibt keine Heinzelmännchen!

# 32. VORBILDER: HALTE FEST, WEN DU BEWUNDERST

Zu einer richtigen Villa Glück gehören auch Menschen. Menschen, die dich glücklich machen, Menschen, mit denen du gern Zeit verbringst, und Menschen, die ihr Leben so gestalten, dass du dich daran orientieren möchtest. Überlege mal, wer zu deinen Vorbildern gehört. Zugleich mit der Liste deiner Vorbilder bestimmst du auch deine eigene Position im Leben, denn du machst dir Gedanken darüber, welche Charaktereigenschaften und Qualitäten eine Person deiner Meinung nach besitzen, welchen Idealen sie folgen sollte, wenn sie für dich, die anderen Menschen und den Rest der Welt eine Bedeutung haben soll. Weisheit und Empathie, Gerechtigkeitssinn und Hilfsbereitschaft, das sind nur ein paar Werte, die erstrebenswert sein könnten.

### Wo findest du Vorbilder?

Gib dich nicht mit den üblichen Standards zufrieden. Durchleuchte auch große Namen und die Ziele, für die sie stehen. Und suche deine

Vorbilder durchaus auch in den Randbereichen deiner Erfahrungen sowie dort, wo man gemeinhin keine menschliche Größe vermutet. Der Ruf von Erfolg und Reichtum kann zweifelhaft sein, hohle Idole bieten sich viele an. Vermutlich findest du echte Vorbilder auch in kleinen persönlichen Zusammenhängen. Große Menschen sind dir näher, als du glaubst. Wenn du dich entschieden hast: Gib den Auserwählten ihren Platz in der Villa-Glück-Ehrengalerie deines Arbeitszimmers!

### Deine Ehrengalerie

Etwas niederzuschreiben bedeutet vor allem, es festzuhalten. Nutze also diese Seite, um die Menschen, die dir als Vorbild oder Orientierung für ein gutes Leben dienen, zu Papier zu bringen. Notiere den Namen und auch den Grund, warum du sie in deine Ehrengalerie aufgenommen hast.

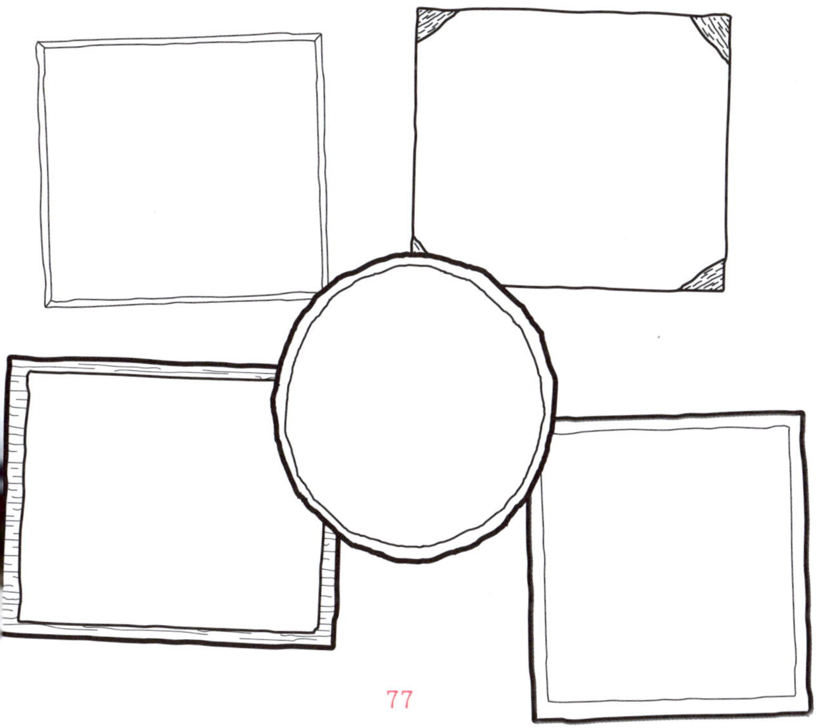

# 33. SCHREIBE EINE GÄSTELISTE FÜR EIN GROSSES GASTMAHL

Was du im echten Leben nicht realisieren kannst, ist in der Villa Glück eine fast alltägliche Angelegenheit: Plane ein großes Festmahl, an dem all die Menschen teilhaben sollen, die dir etwas bedeutet haben. Dabei musst du dich weder um ihr Alter noch ihren Wohnort kümmern. Sie alle warten abrufbereit in deiner Erinnerung. Mit jedem Schritt weiter in die Vergangenheit wird deine Liste länger.

Du weckst Gedanken an Personen, die dich unterstützt, motiviert und in anderer Weise vorangetrieben haben: deine Lehrer, die jahrelang Einfluss hatten. Deine Freunde, die jeden Tag mit dir in dieselbe Richtung gingen oder noch immer gehen. Deine Nachbarn, die vorbildhaft den Alltag mit dir teilten, oder fast vergessene Bekannte, die dir irgendeinen Floh ins Ohr gesetzt haben. Ein kleiner Anstoß kann auf einem Lebensweg vieles bewirken.

### Traummenü

Stelle für deine Besucher das großartigste Menü zusammen, das du dir vorstellen kannst, jeder Gang eine Lieblingsspeise für dich und all die anderen Gäste. Ein Gastmahl in der Villa Glück ist immer eine besonders großartige Veranstaltung: Es trifft sich deine Oma, in deren Garten du als Kind so viele Stunden verbracht hast, mit deiner liebsten Kommilitonin aus der Uni-Zeit. Deine erste Liebe begegnet deinem letzten Chef oder dem Mann aus dem Bauwagen, der dir als Kind jeden Sonntag die Welt erklärt hat. Sie alle sind nicht wirklich, sondern zeitlose Avatare, die nach eurem Treffen in der Villa Glück wieder in alle Winkel von Raum und Zeit verschwinden werden.

**Gestalte die Festtafel:** Notiere unten die Namen der Menschen, die du bei deiner Dinnerparty dabeihaben willst. Schreibe dazu, warum sie deine Gäste sein sollen, so lässt du wichtige Begegnungen deines Lebens auferstehen.

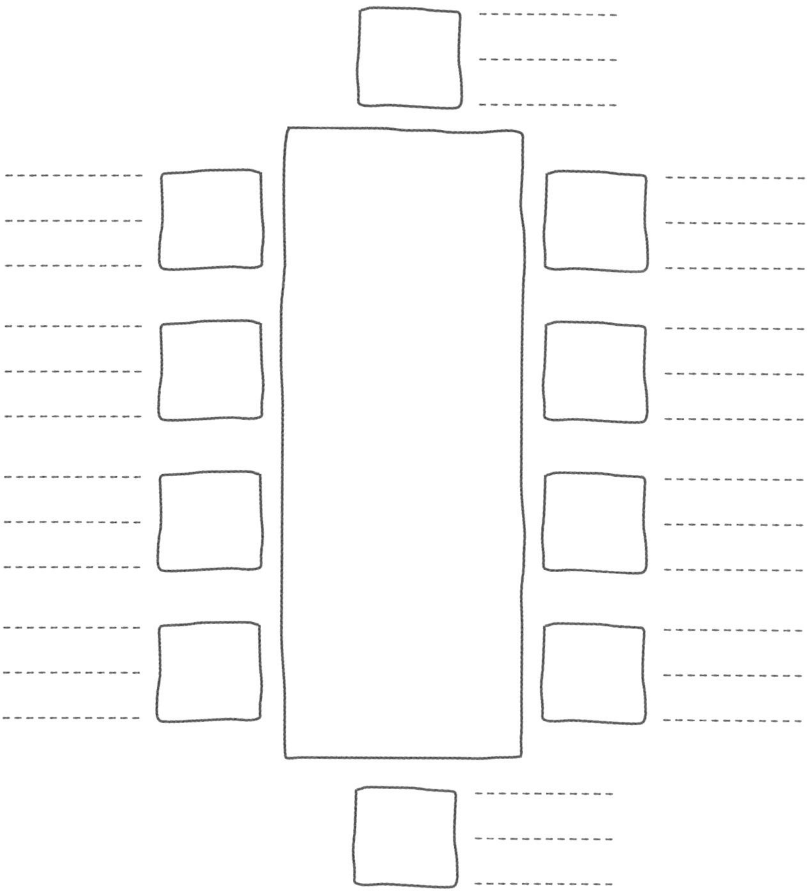

# 34. VERLIEBT, VERLOBT, VERHEIRATET

Dies ist die persönlichste und intimste Liste von allen und zugleich diejenige, bei der du dir in jedem einzelnen Fall sicher bist. Und sie ist die Liste, die nicht allein aus ein paar Namen bestehen sollte – zu jeder geliebten Person darauf wird dir sicher der eine oder andere Satz einfallen, der sie oder ihn kennzeichnet. Wie hast du deinen Partner oder deine Partnerin kennengelernt? War es Liebe auf den ersten Blick oder ist da etwas langsam gewachsen?

## Briefe der Erinnerung

Ein schöner Weg ist an dieser Stelle auch eine persönliche Ansprache über die Zeit hinweg. Schreibe jeder Einzelnen oder jedem Einzelnen ein paar Zeilen, in denen du erklärst, warum du so unsterblich verliebt warst. Die Anschrift: c/o Villa Glück, postlagernd. Das kommt schon an.

## Eine Welle der Gefühle

Du solltest darauf vorbereitet sein, dass du dich in einem Meer von Emotionen über Wasser halten musst. Denn wenn du dich auf diese Liste einlässt, wirst du jede Gefühlsregung, die dich durch dein Leben begleitet hat, in irgendeiner Weise wiederbeleben und aufs Neue spüren. Manches wird dich angenehm berühren und dir das Herz erwärmen, anderes auf eine nicht unbedingt angenehme Weise mit Verlusten und Enttäuschungen konfrontieren, darunter aber auch eine Form von süßem Herz-Schmerz, den nur Liebende kennen.

# Die Liebesliste

1.
2.
3.
4.
5.
6.
7.
8.
9.
10.
11.
12.
13.
14.
15.

# 35. SUCHE NACH ALTEN KLASSENKAMERADEN

Du hast, wenn du an den bisherigen Listen gearbeitet hast, viel über deine Mitmenschen nachgedacht. Manche von ihnen sind in deiner Vorstellung verblasst, kaum noch gegenwärtig. Andere stehen quasi neben dir, wie damals im Klassenzimmer oder auf dem Schulweg. Würde es sich nicht lohnen, nachzuforschen, was aus jedem Einzelnen geworden ist? Wenn du regelmäßig an Klassentreffen teilnimmst, erübrigt sich diese Überlegung allerdings. Wenn du das andere Extrem lebst, also jahrelang ohne Kontakt warst, mach dich auf die Suche, und sei auf alles gefasst. Was die Klassenkameraden und Klassenkameradinnen angeht, sind alle Varianten neuer Kontakte denkbar: vom erstaunten »Wer bist du denn?« bis zum »Mensch, Alter, warum meldest du dich erst jetzt?«.

## Der Dominoeffekt

Schon beim Nachdenken über deine alten Mitschüler wirst du mit einer seltsamen Entwicklung konfrontiert: Es gibt so etwas wie einen Dominoeffekt. Wenn dir ein Name durch den Kopf geht, sind damit plötzlich Freunde und Freundinnen dieser Person verbunden, und mit denen wiederum weitere Menschen. Und so erinnerst du dich sozusagen an den Stammbaum deiner damaligen sozialen Verhältnisse, ausgehend vom Stamm, im Regelfall die Familie, über die dickeren Äste, enge Freunde und Mitschüler, bis in die feinen Verästelungen: Menschen, die dir irgendwann über den Weg gelaufen sind, an die du dich aber aus irgendeinem Grunde noch immer erinnerst.

### Eine Mindmap deiner Kindheit

Zeichne eine Mindmap deiner vergangenen Kontakte. Das ist wie eine Art moderner Stammbaum. Diese Karte des Geistes muss nicht unbedingt deine Familie abbilden, sondern kann auch Mitschüler, Freunde, Bekannte, Nachbarn aus deiner Kindheit und Jugend umfassen. Fange mit einer Person an und staune, welche Kette von Namen sich assoziativ ergibt.

# 36. SCHREIBE JEMANDEM EINEN BRIEF

Komm aus der Vergangenheit zurück in die (virtuelle) Gegenwart der Villa Glück, und schreibe einen Brief an jemanden, dem du noch nie einen Brief geschrieben hast. Du bist hier richtig: Die Villa Glück ist der Ort, an dem du Dinge tust, die du sonst eher vergisst. Der Adressat oder die Adressatin können durchaus Leute sein, mit denen du sonst über E-Mail oder WhatsApp kommunizierst – die Art und Weise, wie du deine Nachricht handschriftlich aufs Papier bringst, beeinflusst die Sichtweise der Dinge ebenso wie die Inhalte in deinem Schreiben. Mach dir keine Illusionen: Es ist viel einfacher, eine digitale Nachricht zu verfassen, als einen Brief »durchzustehen«. Aber du schaffst das – nach dem einen oder anderen Versuch, und in der Villa Glück stört es niemanden, wenn du einen Brief noch einmal neu beginnst.

## Nimm dir Zeit!

Sag deinem Verstand, dass er sich ein wenig zurückhalten soll, denn schließlich geht es in der Villa Glück nicht um Geschäftskorrespondenz. Der Text deines Briefes wird sich fast wie von selbst aus dem Fluss deiner Gedanken entwickeln, du kannst dir erlauben, abzuschweifen und dich auf tiefere gedankliche Ebenen und auf neue Wege zu begeben. Dabei kann es sein, dass du eine bisher nicht gekannte Art des Dialogs mit dem Adressaten oder der Adressatin deines Schreibens findest – oder aber eine Möglichkeit, mit dir selbst ins Gespräch zu kommen.

**Ein Bogen Papier, ein Stift, ein paar schöne Gedanken**

Überlege zunächst: Wer könnte einen Brief von dir bekommen? Deine Mutter, deine beste Freundin oder ein entferntes Idol? Gibt es etwas, was du dieser Person schon lange mal mitteilen wolltest? Dann los! Jetzt ist der richtige Zeitpunkt!

# 37. SCHREIBE EINEN BRIEF AN DEIN 16-JÄHRIGES ICH

»Liebes junges Ich, was ich dir schon immer sagen wollte, bringe ich hier und jetzt zu Papier!« So könnte die erste Zeile deines Anschreibens an deine eigene Person lauten, und du wirst möglicherweise erstaunt sein, was du dir alles mitzuteilen hast. Nur keine Hemmungen, du kannst auch intime Themen ansprechen, denn schließlich wird diesen Brief außer dir selbst und deinen Freunden in der Villa Glück vermutlich nie jemand anderes lesen. Nutze also die Gelegenheit, ernst und ehrlich mit dir selbst zu sprechen. Du kannst nur davon profitieren.

## Verrückte Teenager-Zeit

Nimm dir zunächst ein paar Minuten, und reise gedanklich zurück in die Jahre, als du ein Teenager warst. Welche Themen haben dich zu jener Zeit am meisten beschäftigt? Warst du vielleicht zum ersten Mal verliebt? Doch die oder der Angebetete wollte nichts von dir wissen? Hast du rebelliert gegen die Regeln deines Elternhauses? Gab es Probleme in der Schule oder hast du gerade neue Menschen und interessante Hobbys für dich entdeckt? Die Zeit der Pubertät ist oft rau, man fragt sich, wer man ist und wer man sein will. Manche Dinge im Leben nehmen eine neue Richtung – und das ist nicht immer leicht auszuhalten. Nun nimm einen Stift zur Hand, und schreibe ein paar Zeilen an dein junges Ich. Fass ruhig auch die heißen Eisen an, und nimm die Krisenpunkte in Angriff. Du musst dich weder schämen noch ungerechtfertigte Kritik fürchten. Sprich dich also aus, gib deinem Ich ein paar hilfreiche Tipps, und fühl dich anschließend besser.

Liebes Ich,

# 38. FERTIGE EINE COLLAGE AUS NATURMATERIALIEN

Zu viele Buchstaben, zu viel Verstand! Du hast jetzt viel Zeit damit verbracht, aus deinen Gedanken Buchstaben zu machen, Einstellungen zu formulieren und mit deinen Mitmenschen möglichst ehrlich zu kommunizieren. Irgendwie raucht dir jetzt vielleicht der Kopf, und nach der wenig greifbaren Welt der Gedanken spürst du ein Bedürfnis nach konkreten Dingen, die sich fassen und verändern lassen.
Du hast eine der grundlegenden Situationen der Kreativität erreicht: die Welt der Gedanken hinter sich lassen, die gegenständliche Welt erkunden und in neuer Weise ordnen. Das könntest du hier leisten, indem du mit Naturmaterialien etwas Neues schaffst.

## Ein Spaziergang in der Natur

Ein Spaziergang durch Wälder und über Wiesen oder am Meeresstrand entlang ist wie ein Einkaufsbummel im Supermarkt von Mutter Natur. Du bekommst alles umsonst: frische Luft, eine erholsame Welt voller beruhigender Geräusche und entspannender Bilder, kostenlose Kraftquellen für deine Gesundheit. Und je nach Jahreszeit entdeckst du noch Sonderangebote am Wegesrand. Im Wald findest du im Frühjahr Blüten und frisches Grün, im Sommer vielleicht im

Sand des Strandes Muscheln, seltsam geformte Holzstücke und von den Wellen geschliffene Steine, später im Jahr bunte Blätter überall, wo Bäume wachsen, dazu Herbstfrüchte wie Kastanien und Eicheln. Zurück in der Villa Glück könntest du deine Fundstücke deinen liebsten Menschen zeigen oder sie in einem persönlichen dekorativen Kunstwerk verarbeiten.

### Natürliche Schönheit mit einfachen Mitteln erhalten

Der Herbst schenkt dir wunderbare Blätter von Laubbäumen, die in ihren schönsten Farben leuchten, jedes von ihnen ein ganz besonderes Einzelstück in seiner vergänglichen Ästhetik. Die Blätter von Kastanien und Ahorn sind besonders beeindruckend, aber auch alle anderen Bäume liefern großartiges Laubwerk. Einen guten Teil ihrer Schönheit kannst du konservieren, indem du die bunten Blätter presst und zugleich trocknest.

### Bücher sind nicht nur zum Lesen da

Du kannst die schönsten deiner Blätter in einem Buch pressen. Das Gewicht des Buches sorgt dafür, dass die Blätter sich nicht verformen. Die natürlichen Farben bleiben erhalten, weil kein Sonnenlicht das Blatt erreicht.

- Verwende nur makellose, unbeschädigte Blätter.
- Schlage das Buch in der Mitte auf, und lege eine Seite zweilagig mit Löschpapier oder Zeitungspapier aus.
- Lege das Blatt oder die Blätter so, dass sie nicht über das Buch hinausragen.
- Wenn du den Pressdruck erhöhen möchtest, kannst du weitere Bücher auf dieses mit den Blättern legen.
- Jetzt brauchst du etwas Geduld: Je nach der Feuchtigkeit des Blattes dauert es zwei bis vier Wochen, bis das Blatt perfekt gepresst und in seiner Schönheit erhalten ist.

# 39. EIN HAUSALTAR IN DEINER VILLA GLÜCK?

Ursprünglich ist ein Altar ein Opfertisch, der als Ort der Verehrung von Gottheiten diente und dient. An wen oder was du glaubst, ist aber in der Villa Glück nicht das zentrale Thema. Sie ist selbst ein Kraftort, der Zuversicht schenkt und an dem wunderbare Dinge passieren können. Ein eigener, selbst gestalteter Hausaltar kann diese Wirkungen noch steigern, die besonderen Energien bündeln und zentrieren. Mit einem solchen besonderen Hort besitzt du ein Zentrum, an dem du zur Ruhe kommen und den Stress des Tages ablegen kannst. Auch die Meditation findet an dieser Stelle in der Villa Glück ihren Platz genauso wie deine Erinnerungen. Wichtig dabei ist, dass du dein Handeln und deine Gefühle in dieser Kraftzentrale konzentrierst.

## Ein Ort, der innerlich stark macht

Das Zentrum deines Altars könnte ein Symbol sein, ein Zeichen, etwa ein Mandala. Du könntest deinen Altar rund um einen Bilderrahmen mit diesem Symbol, zum Beispiel auf einem Regalbrett, aufbauen. Eine kleine Holzbank oder eine größere Keramikschale eignen sich ebenfalls als Grundlage. Kerzen, Leuchtdioden, Räucherstäbchen und Glitzerflocken sind eine passende Ergänzung und machen deinen Altar zu einem ganz und gar ungewöhnlichen Ort. Halbedelsteine, kleine Figuren und schöne Gläser setzen das i-Tüpfelchen. Nicht jedes Detail muss einen Sinn ergeben, schon gar nicht erklärbar sein. Dein Verstand hat Pause, denn dein Altar funktioniert ohne Worte und Begriffe auf einer höheren Ebene.

## Nutze deine neue Power-Station

Beim Altar in der Villa Glück geht es keineswegs um ein bedeutsames Heiligtum – er ist nur ein Symbol für die Freude an der Bewusstheit und das sich daraus ergebende Erleben.

**Erinnerung** – Es macht einfach Spaß, intensiv an etwas oder jemanden zu denken, das oder den man besonders gern mag, und dieser Sache oder diesem Menschen auf lustige Weise ein Denkmal zu setzen.

**Atmen** – Atme ruhig und bewusst, nutze deinen Heim-Altar, um zur Ruhe zu kommen. Um zu mehr Gelassenheit zu finden, hilft es, beim Atmen zu zählen. Einatmen, eins, zwei, drei vier. Ausatmen, fünf, sechs, sieben, acht. Und noch mal.

**Meditation** – Nutze diesen Ort, um deine Gedanken zu sammeln und mit dem Meditieren anzufangen. Dabei kommt es nicht, wie so viele meinen, darauf an, nichts zu denken. Beobachte deinen Atem, deinen Körper und deine Gedanken, ohne zu urteilen, nimm deine Gefühle wahr, und lass sie vorbeiziehen.

**Yoga** – Verbinde ein einfaches Ritual mit deinem Altar. Du könntest ihn jeden Morgen säubern, mit frischem Blumenschmuck versehen und dich dabei darüber freuen, dass du einen neuen Tag erleben darfst – ein Stück Karma-Yoga. Natürlich kannst du auch ein paar Yoga-Übungen vor deinem Altar machen und damit den Tag beginnen oder ausklingen lassen. Beliebte Übungen sind etwa der Sonnengruß, der herabschauende Hund oder die Kobra.

# 40. VERSCHICKE EINE POSTKARTE

Die Postkarte war früher der kleine Gruß zwischendurch und wurde dort genutzt, wo ein Brief einfach eine Nummer zu groß gewesen wäre. Zudem bot sie den Vorteil, auf der einen Seite eine Nachricht, auf der anderen ein visuelles Geschenk an den Adressaten zu senden – und das in einer bleibenden Form. Eine Postkarte klemmt noch immer unter dem Magneten am Kühlschrank oder auf dem Pinnbrett am Schreibtisch, wenn eine E-Mail oder Textnachricht längst im digitalen Nirwana verschwunden ist. Vorschlag: Schicke an Freunde und Bekannte eine Postkarte von deinem Besuch in der Villa Glück!

## Eine kurze Geschichte der Postkarte

Die erste E-Mail wurde 1972 übermittelt, die erste WhatsApp-Nachricht 2009 – die Postkarte ist uralt dagegen. Im Jahr 2027 feiert sie ihren 150. Geburtstag. Die ersten Exemplare einer Art Postkarte wurden im Jahr 1777 in Frankreich gedruckt. Fast hundert Jahre später, nämlich 1869, kam die Postkarte als »Correspondenz-Karte« nach Deutschland. Postkarte heißt sie seit 1872, 1875 führte der Weltpostverein die Weltpostkarte mit vorgeschriebenem Format und festen Gebühren als internationales Nachrichtenmedium ein. Aber es war noch nicht die Postkarte, wie wir sie heute kennen.

Anfangs wurde die Vorderseite der Postkarte für den Text, die Rückseite nur für die Adresse verwendet. Erst 1905 wurden Text und Adresse auf die Rückseite verbannt, die Vorderseite für Bilder und Illustrationen verwendet und damit zu einem ansehnlichen Schriftstück gemacht.

### Die kleine Schwester des Briefs

Die Zeit ihrer größten Verbreitung hatte die Postkarte zwischen 1885 und 1918, als der Erste Weltkrieg endete. In diesem Zeitraum wurden jährlich Milliarden von Postkarten verschickt. Heute sind es nur noch 210 Millionen pro Jahr, davon ist der größte Teil während der Urlaubsmonate unterwegs. Urlaubsgrüße, Glückwünsche und lustige Sprüche sind heute die Haupteinsatzgebiete der Postkarte. Viele der bunten, gedruckten Grüße werden gar nicht versendet, sondern nur Geschenken beigelegt. Man darf nicht vergessen: Die Postkarte hat eine entscheidende Schwäche. Jeder kann mitlesen.

**Entwickle dein eigenes Postkartenmotiv:** eine Landschaft vielleicht? Ein Stillleben aus Äpfeln und Blumen? Oder was Abstraktes? Lass deiner Fantasie freien Lauf.

# 41. VERSCHENKE EIN GEDICHT

Schon ein paar Worte können eine Welt umschreiben. Ob nur zwei Zeilen lang oder acht, ob diese Zeilen sich reimen oder nicht – schalte den kritischen Verstand, deinen inneren Deutschlehrer einfach einmal ab, und notiere, was dir in den Sinn kommt. Du schreibst nicht für den Literatur-Nobelpreis, sondern einfach nur für dich selbst. Traue deinen Buchstaben und Worten, deinen Gedanken, denn in der Villa Glück sind sie genauso freilaufend wie die Pfauen in deinem Paradiesgarten. Alles ist möglich …

## Reimen muss nicht sein

Immer dann, wenn Anfänger Sonne-Wonne-Herz-Schmerz-Gedichte machen und meinen, nur gereimte Verse seien die wahre Dichtkunst, entstehen oft eher Meisterwerke des Humors als beeindruckende Lyrik.

*Jetzt gehe ich in den Birkenwald,*
*denn meine Pillen wirken bald.*

So ein Meisterwerk gelingt aber nicht bei jedem zufälligen Reim. Wer sich mit Engagement an das Reimen herantraut, sollte sich viel Zeit für seine Gedichte nehmen und vielleicht ein Reimlexikon oder eine entsprechende Internetseite zu Hilfe nehmen. Auch ein Blick in die Welt der gedruckten Meisterwerke der Dichtkunst kann weiterhelfen. Sonst wird nämlich der folgende Vierzeiler wahr:

*Ich schreibe jetzt mal ein Gedicht,*
*das reimt sich nicht,*
*ich kann nämlich mitnichten*
*dichten.*

### Du bist dran

Das Wichtigste ist, Spaß beim Dichten zu haben. Betrachte die Sprache als Spielmaterial, und fange einfach mit ein paar kleinen Worten an …

# 42. DIE KUNST DES SCHÖNEN SCHREIBENS

Einige von euch wissen vielleicht noch, dass es mal das Schulfach »Schönschreiben« gab. In diesem haben Lehrerinnen und Lehrer bis in die 1960er-Jahre versucht, die Handschrift der Schülerschaft zu verbessern. Auch du ärgerst dich hin und wieder über deine Handschrift, die kaum jemand richtig lesen kann? Mit der Kalligrafie, um die es hier gehen soll, hat das ehemalige Schulfach jedoch wenig zu tun. Den Kalligrafen, also den Menschen, die das schöne Schreiben beherrschen, geht es bei ihrer Fertigkeit gar nicht um eine leserliche Schrift, sondern um ästhetische Ausgewogenheit und die Darstellung von Emotionen.

## Mit Kalligrafie Raum und Zeit vergessen

Eine schöne Handschrift ist sicher ein Nebeneffekt kalligrafischer Übungen: Was du schreibst, kommt klarer und schöner aufs Papier. Ein anderer Aspekt ist allerdings die Wirkung dieser kreativen Arbeit auf Geist und Seele. Man könnte es meditative Versenkung nennen oder in modernerer Sprache: Flow. Raum und Zeit verlieren für ein paar Augenblicke ihre Bedeutung, du vergisst dich selbst beim Malen schöner Buchstaben. Die Schreibwerkzeuge der Kalligrafie sind Filzstift, Pinsel, Stahlfeder oder Federkiel. Geschrieben wird mit Tusche oder Tinte. Darüber hinaus ist ein Lineal oder Geodreieck hilfreich, festes Papier erleichtert das Schreiben.

### Erste Übungen

Für erste Versuche brauchst du keine Spezialausrüstung. Nimm einfach einen guten Stift und schreibe die ersten Buchstaben des Alphabets. Gelingt dir das gut? Dann besorge dir weitere Informationen und eine bessere Ausrüstung. In manchen Städten gibt es sogar Kalligrafie-Kurse.

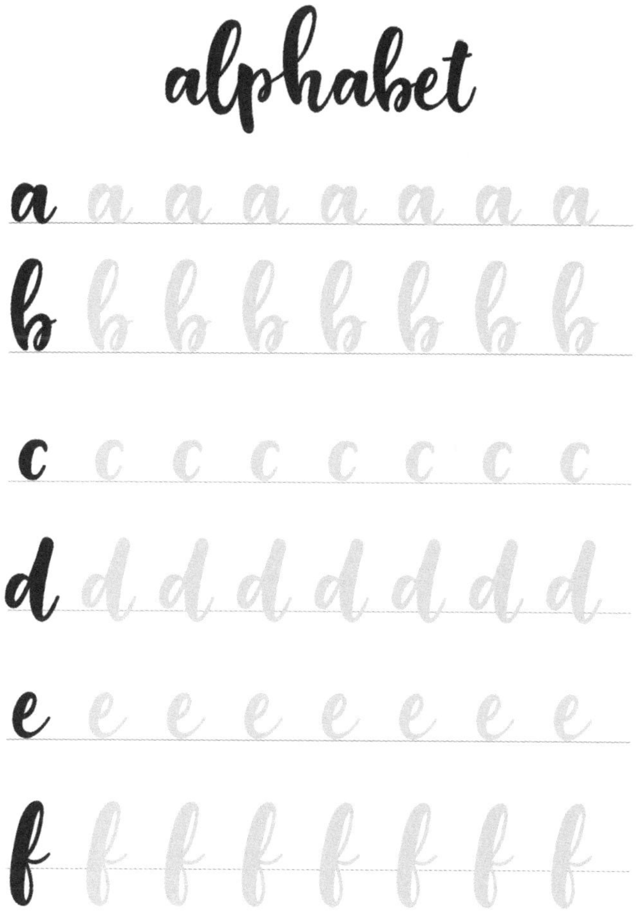

# 43. SCHREIBE DIE ERSTE SEITE DEINES ROMANS

Jetzt, da du dein Alter Ego, den Schriftsteller, die Romanautorin, bereits in der Villa Glück angetroffen hast, solltest du die Gelegenheit nutzen. Sie ist schon da, die erste Seite des Buches, das du immer schreiben wolltest. Du hast sie dir bestimmt schon hundertmal vor dem Einschlafen vorgelesen, hast deine Personen miteinander reden lassen, sie an den Orten und Landschaften handeln lassen, dort, wo alles geschehen wird, wenn du weiterschreibst. Die erste Seite auf Papier ist das Eingangstor zu einer ganz neuen Welt, in der du dich erstaunlicherweise gut auskennst …

## Stürze dich mitten hinein!

Es gibt mehrere Arten, einen Roman zu schreiben, und in der Villa-Glück-Romanwerkstatt bekommst du zunächst einen Einblick in unterschiedliche Wege.

- Der einfachste Weg ist der spontane. Ohne groß nachzudenken, stürzt du dich in die Geschichte und …
- Schon gehen die Probleme los: **Wer erzählt was?** Wer ist der Erzähler? Du musst dich entscheiden, ob du der Held und der Erzähler deines Buches in einer Person bist. Wenn nicht, berichtet vielleicht ein anonymer Erzähler von der Handlung. Wenn er freundlich ist, stellt er sich vor.
- Dann will sicherlich jeder wissen – du selbst auch: **In welcher Zeit spielt deine Geschichte?** Sind das Geschehnisse aus der Vergangenheit, passieren sie gerade oder in einer noch nicht genau festgelegten Zukunft?

- **Wie berichtest du darüber?** In der Gegenwartsform – alles passiert also gerade? Oder in der Vergangenheit – es ist schon Zeit vergangen, alles ist schon geschehen.
- Wenn du diese einfachen Fragen geklärt hast, könnte etwas Eigentümliches geschehen. Dein Held oder deine Heldin werden plötzlich lebendig, reden mit dir, mischen sich ein, wenn du ihnen die falschen Worte in den Mund legst. »Jetzt hör aber mal, so hätte ich das nie gesagt!« Von nun an schreibt sich dein Buch in gewisser Weise wie von selbst. Man kann auch sagen: **Du trittst in Dialog mit deinen handelnden Personen.**

### Anfangszauber

Nun mach es wie im realen Leben, wenn du dich an einem neuen, unbekannten Ort befindest. Beginne mit dem ersten Schritt, und bedenke: Im Reich der Fantasie ist alles erlaubt.

# 44. ÜBERLEGE DIR EIN HAPPY END

Den Anfang hast du schon gemacht, nun fehlt dir nur noch der Mittelteil, um das Happy End deines Romans zu erreichen, den Teil deines Buches, der dich und vielleicht auch ein paar Leser glücklich macht. Da du aber selbst der Chef oder die Chefin in deinem virtuellen Verlag bist, kannst du dich einfach entschließen, den Mittelteil zu überspringen und unmittelbar romantisch zur Sache zu kommen. Mal es dir in den schönsten Farben aus, schwebe auf rosa Wölkchen, lass dich von Wogen der Liebe davontragen, heirate deine Geliebte oder deinen Geliebten oder auch nicht, genieße eine junge Liebe oder eine Ménage-à-trois und alle Gefühle der Glückseligkeit.

## Die Kraft des Leidens

Das Tollste an jedem Happy End: Schon der Versuch, ein solches niederzuschreiben, hat so manchen glücklich gemacht. Wenn es irgendwo Supermenschen gibt und sie über eine Superkraft verfügen sollten, so ist dies die eigene Imagination und die Fähigkeit, sich immer wieder neue Wege des Glücks auszudenken. In der Villa Glück enden alle Liebesgeschichten mit einem Happy End – oder wunderbar-herzzerreißend tragisch. Denn nicht umsonst beginnt das Wort Leidenschaft mit dem Leiden – eine Portion Herzschmerz gehört im-

mer dazu. Als Autor oder Autorin solltest du nicht beim ersten Schmerz innehalten, sondern durchaus bewusst in das Wechselbad der Gefühle eintauchen, denn wenn du allzu positiv schreibst, hoppeln plötzlich – im übertragenen Sinne – rosa Häschen durch deine Landschaften, und es besteht massive Kitschgefahr!

Happy End

# 45. DENKE ÜBER DEINEN TRAUMBERUF NACH

Für diesen beruflichen Aufstieg musst du keine Bewerbungen schreiben, denn in der Villa Glück bist du dein eigener Personalchef oder deine eigene Karriereberaterin. Sieh dich selbst in deiner Traumrolle, durchlebe vor deinem inneren Auge einen Tag in deinem Traumberuf. Willst du als Freiberufler leben, als kreativer Kopf deine eigene Firma leiten? Willst du Menschen heilen, Häuser und Brücken, ja, ganze Städte bauen, den Weltraum oder den Mikrokosmos erforschen und entdecken, was nie eines anderen Menschen Auge gesehen hat? Du kannst alles ausprobieren, und erstaunlicherweise wirst du dir dabei klar darüber werden: Was kann ich und was nicht im wahren Leben?

## Der Reiz des Exotischen

Du musst deine Träume nicht von vornherein einschränken und im Reich der Fantasie nicht unbedingt Kraftfahrzeugmechatroniker, Studienrätin, Juristin oder Bäckermeister werden. Es macht viel mehr Spaß, dich in exotischen Bereichen zu bewegen. Realitätsfern? Die folgenden Traumberufe gibt es tatsächlich:

**Puppendoktor** – Ein ziemlich seltener Beruf, bei dem man weniger den Kindern, die mit Puppen spielen, zu Hilfe eilt als den Sammlern und Sammlerinnen wertvoller alter Puppen.

**Tatortfotograf** – Entweder musst du Krimifan und von der Welt des Verbrechens fasziniert sein und/oder sehr starke Nerven besitzen.

**Food-Stylist** – Es geht um Essen oder Trinken, aber nicht um den Geschmack, sondern um die äußere Erscheinung. Bei diesem Beruf gestaltet man Speisen und Getränke, ganze Tafeln für die Food-Fotografie.

**Fluglotse** – Die Mitarbeiter im Tower auf dem Flughafen sind sehr gesucht, aber schwer zu finden. Ein einziger Test klärt die Befähigung der Bewerber und Bewerberinnen: Sie müssen multitaskingfähig und extrem stressresistent sein.

**Fensterputzer** – Irgendwer muss sie ja sauber machen, die Fenster ganz hoch oben. Spezialisten für Wolkenkratzer müssen mit Umsicht zu Werke gehen, denn sie arbeiten in schwindelnden Höhen.

**Sprengmeister oder Bombenentschärfer** – Sie beseitigen die Überreste des letzten Weltkrieges, werden aber auch auf Großbaustellen eingesetzt, bei denen Sprengungen notwendig sind, zum Beispiel im Tunnelbau.

**Testfahrer und Testpilot** – Sie probieren erste Modelle von Autos oder Flugzeugen aus, damit später in der Großserie niemand zu Schaden kommt.

**Restaurator** – Ein Beruf, der nicht nur handwerkliches Können und viel Geduld, sondern auch umfangreiches Wissen über Kunst und Kunstgeschichte einfordert.

Platz für deine Ideen

---

---

---

---

---

---

---

# 46. DEIN START-UP – WIE SIEHT DEINE FIRMA AUS?

Du steckst voller Tatendrang und willst ein Unternehmen gründen, um reich und erfolgreich zu werden? Was für eine Firma soll das sein? Denkst du gleich ganz groß, möchtest du einen Konzern aufbauen und Millionen scheffeln? Irgendwie passt dieser Traum nicht mit der Villa Glück zusammen. Du willst etwas auf die Beine stellen, mit dem du die Welt ein wenig besser machen kannst. Du denkst an eine NGO, eine »Nichtregierungsorganisation« karitativer Art? Hilfe wird an sehr vielen Stellen auf dem Planeten Erde benötigt, überall können Menschen Unterstützung materieller und sozialer Art gebrauchen. Du könntest den Welthunger bekämpfen, so etwas wie »Brot für die Welt« ins Leben rufen. Oder möchtest du eher vom einzelnen Menschen und seinem Schicksal ausgehen? Da wäre eine Zentrale gegen Einsamkeit die richtige Idee. Selbstverständlich, dass zu einem solchen Angebot auch eine Hotline für unglücklich Verliebte gehört. Du könntest auch Tiere retten, sie von der Straße holen, ihnen ein neues Heim vermitteln und damit zugleich Menschen glücklich machen, die sich ein Haustier wünschen.

## Traumhafte Arbeitsplätze

Wenn du den Arbeitsbereich für deine Firma gefunden hast, solltest du dir dennoch ein paar Gedanken darüber machen, wie gearbeitet wird. Bist du der große Boss oder setzt du auf Mitbestimmung? Acht-Stunden-Tag oder frei gewählte Arbeitszeit im Home-Office? Wenn die Work-Life-Balance stimmt, wirst du viele zufriedene Mitarbeiter und Mitarbeiterinnen haben.

### Profit für dich oder Gewinn für alle?

Beteiligst du deine Mitarbeiter am Gewinn, oder teilst du den Gewinn sogar gleichmäßig auf? Welches Gehalt gestehst du dir zu? Ist die Summe nach oben offen oder welche Grenze gibt es?

### Wichtig: die CI (Corporate Identity)

Jetzt musst du nur noch klären, wie deine Firma nach außen auftreten will. Du brauchst ein Logo, einen markanten Schriftzug oder ein schönes Zeichen. Unten ist Platz für deine Entwürfe. Wenn du ein Firmen-Logo entworfen hast, denke doch einmal über deine ganz persönliche Konzernzentrale nach. London City oder Silicon Valley? Paris oder Berlin? Oder lässt du alles, wie es ist, und arbeitest im Home-Office der Villa Glück?

# Das Schlafzimmer

Wer denkt bei dem Wort Schlafzimmer nicht an eine Ruhezone, einen Ort der Erholung und Entspannung, eine Art Zentrale der körperlichen und geistigen Erneuerung in der Villa Glück? Hilfe bietet das Schlafzimmer in besonderer Weise an, denn es ist genau der Raum, den du dir durch dein persönliches Einwirken auf einfache Weise in Atmosphäre und Ausstrahlung gestalten kannst. Das Schlafzimmer in der Villa Glück bietet Möglichkeiten für all deine Wünsche. Lass dich von den Ideen auf den nächsten Seiten überraschen.

# 47. DIE PERFEKTE RUHE-OASE

Du könntest darüber nachdenken, das Licht im Schlafzimmer mit farbigen Folien zu beeinflussen, so wie früher farbige Gläser zu diesem Zweck eingesetzt wurden. Auch eine entsprechende Gardine verändert deine Welt des Schlafens – weiße, sanft fallende Stores lassen das Licht auch am hellen Tag weich und schmeichelnd für deine Hautfarbe werden. Ebenfalls wirksam für Licht und Raum ist der Einsatz von Spiegeln – und einen Spiegel brauchst du ohnehin in dem Raum, in dem du dich ankleidest.

## Im Bett oder auf deinem Lieblingssofa

Was das Ausruhen und das Schlafen angeht, so haben manche Leute gleich zwei Orte, die ihnen ihr Leben lang wichtig sind und die täglich eine Rolle in ihrem Leben spielen: das Bett und das Sofa. An einer von diesen beiden Stellen verbringen viele Menschen mit die glücklichsten Minuten und Stunden ihres Lebens. Lassen wir die erotische Erlebniswelt einmal diskret im Privaten – die Augenblicke auf dem Weg in den Schlaf, die Zeit vor dem Einschlafen zählen mit zu den intensivsten Erlebnissen, die Menschen im Bett haben können. Oder eben auf dem Lieblingssofa, denn viele ziehen es vor, ihr Mittags- oder Nachmittagsschläfchen auf der Couch abzuhalten. Umnebelt von einer angenehmen Müdigkeit lösen sich die Gedanken von den alltäglichen Bindungen und werden frei, können in neue Räume wandern, sich neu ordnen oder sogar Neuland gewinnen.

## Traumreisen

Dabei kann der Schläfer oder die Schläferin durchaus Einfluss auf das Traumgeschehen – oder, nennen wir es präziser, auf das Geschehen zwischen Wach- und Schlafzustand – nehmen. Die letzten Gedanken im wachen Zustand geben die Richtung vor. Denkst du über deine Arbeit oder deine Firma nach und fragst dich, warum du ein Problem damit hast, jeden Morgen wieder dorthin zu gehen, vielleicht findest du im Halbschlaf die Antwort auf diese Frage.

## Gedankenspiele

Du kannst deine Gedanken auch in die Vergangenheit lenken. Denke darüber nach, mit wem du deine Zeit in der Tanzschule verbracht hast, wer mit dir in der Basketballmannschaft gespielt hat oder mit dir bei den Pfadfindern war. War deine erste Liebe die Frau deines Lebens? Was mag dein Traummann heute tun? Vielleicht folgt dir dein schläfriger Geist und führt dich zu neuen Erlebnisräumen. Auch möglich, dass dein abenteuerlustiges Gehirn auf deine Vorschläge pfeift und ganz eigene Exkursionen in neue Welten unternimmt. Der Autor etwa erkundet im Halbschlaf immer wieder Großstädte, die auf keiner Landkarte zu finden sind.

## Ganz besondere Schatzkisten

Hast du mal daran gedacht, im Schlafzimmer kleine Schatzkisten aufzustellen? Was da hineingehört, weißt du sicher recht gut, wenn du deinen Partner/deine Partnerin kennst. Duftende Öle, ein Parfüm, ein elegantes Kleidungsstück oder ein paar Bilder aus dem Album der Vergangenheit wirken romantische Wunder.

# 48. KLEIDERSCHÄTZE

Es gibt in der Villa Glück noch eine weitere Kiste voller Abenteuer: deinen Kleiderschrank. Für die meisten Menschen – besonders für Männer – ist der Kleiderschrank ganz banal der Ort, an dem man Kleidungsstücke aufhebt, sozusagen das Lager für die textile Ausrüstung. Bei Frauen verhält es sich anders, sie ordnen ihre Garderobe häufig saisonal und freuen sich dann im Frühling, wenn sie die Kleidungsstücke vom letzten Jahr wiederentdecken können – wobei sich

die Freude häufig in Grenzen hält und in dem resignierten Satz mündet: Eigentlich habe ich nichts anzuziehen. Es gibt mehrere Wege, den Kleiderschrank für den Lustgewinn zu nutzen. Klar, die Männer können sich in der Frauenabteilung bedienen und umgekehrt, aber wirklich nachhaltig ist diese Strategie wohl kaum. Etwas Schwung in die Garderobe bringt es, wenn man die Teile des eigenen Outfits neu miteinander kombiniert. Doch auch hier halten sich die Möglichkeiten in Grenzen. Begeben wir uns also lieber auf Schatzsuche.

Entdecke ein neues Lieblings-Kleidungsstück!

In deinem Kleiderschrank gibt es drei Arten von Kleidungsstücken: Sie gehören in die Kategorien Alltag, schwarze Schafe und Mauerblümchen. Zu den Textilien aus der Abteilung Alltag haben Menschen eine merkwürdige Beziehung. Es sind solche, die sie jeden Tag tragen und über die sie ganz und gar nicht mehr nachdenken. Es fällt ihnen schwer, deren Attraktivität wahrzunehmen und sich schön darin zu finden.

### Schwarze Schafe

Zur zweiten Kategorie zählen die schwarzen Schafe, das sind die Kleidungsstücke, bei denen jemand vergessen hat, vor dem Kauf die Verbindung zwischen Mensch und Kleidung zu Ende zu denken, meist zu schnelle Käufe, Frustkäufe oder Schnäppchen, mit dem Ergebnis, dass die Textilien im Schrank bleiben, weil sie eigentlich nicht zu ihrem Käufer passen. Manche oder mancher kauft auch eine Nummer zu groß – an sich schon passend, aber eine Spur zu extravagant, zu Avantgarde, nicht mit dem eigenen Stil kompatibel. Das sind die schwarzen Schafe – mit einem solchen könntest du eine Auseinandersetzung führen. Denke deine Vorstellungen zu Ende, und gewinne ein neues Lieblingsteil – oder schaffe Platz im Kleiderschrank, indem du das schwarze Schaf zur Altkleidersammlung gibst.

### Mauerblümchen

Nun zur dritten Kategorie, zu den Mauerblümchen: Du weißt eigentlich gar nicht genau, wie sie in deinen Kleiderschrank geraten sind, unauffällige Kleidungsstücke zwischen deiner alltäglichen Garderobe, aber irgendwie anders, mit einem seltsamen Charme. Frage dich: Warum habe ich dieses Kleid, diesen Anzug, diese Hose eigentlich nie getragen? Unternimm einen Testlauf: Du und das Mauerblümchen aus deinem Kleiderschrank ziehen um die Häuser. Wenn es gut geht, hast du deine Lieblingsgarderobe erweitert.

### Platz für deine Ideen

---------------------------------------------------------

---------------------------------------------------------

---------------------------------------------------------

---------------------------------------------------------

---------------------------------------------------------

# 49. TAUSCHE KLEIDER MIT JEMANDEM, DEN DU MAGST

Richtig viel Spaß macht es, wenn sich Freundinnen entschließen, Kleidungsstücke zu tauschen – wenn sie zu den Glücklichen gehören, die sich anatomisch halbwegs ähneln. Oversized-Klamotten sehen an Dünnen noch ganz schick aus, zu enge Sachen zeigen den kraftvollen Körper der anderen Fraktion vielleicht doch zu intensiv. Immerhin: Bei den Accessoires geht vieles.

## Veranstalte eine kleine Modenschau

Du musst nicht unbedingt einen Laufsteg aufbauen, ein Publikum findet sich schnell im Rahmen der Familie, und die Weltpresse ist nicht notwendig. Es genügt sogar, wenn du ganz für dich allein vor dem Spiegel läufst. Hier ein paar Glamour-Tipps:

- Übe ein bisschen das Laufen mit erhobenem Kopf. Ja, du kannst ein Buch balancieren, das verbessert deine Haltung.
- Führe deine neueste Mix-Kollektion vor dem Spiegel oder vor einem Publikum vor, und genieße den Applaus – auch wenn es nur dein eigener ist.

- Ach so, die Presse wird ja doch gebraucht, schon um das großartige Ereignis für die Nachwelt zu dokumentieren, wenn deine Mitbewohner das nicht ohnehin schon mit ihren Smartphones getan haben. Aber besser ist besser: Warum schießt du nicht ein paar Selfies?

## Welcher Kleidungstyp bist du?

Die Villa Glück ist genau der Ort, an dem du dir darüber klar werden kannst, in welcher Form das Glück es auf dich abgesehen hat. Auch im Kleiderschrank lauert es auf dich, wenn du weißt, auf welche Weise du dich der textilen Welt von Eleganz und Schönheit annähern kannst. Mach dir Gedanken darüber, welcher Bekleidungstyp du bist.

### Der romantische Typ

Hauptsache üppig: Farbige Stoffe, Blumenmuster, Volants und Rüschen, Samt und Seide – alles passt zu dir. Dazu die Farben Pink, Hellblau, Mint und Dottergelb.

### Der klassische Typ

Du liebst es zurückhaltend in Form und Farbe, willst zeitlose und harmonisch abgestimmte Basics und entwickelst dabei einen ganz eigenen eleganten Kleidungsstil. Deine Grundfarben sind Schwarz, Weiß, Grau und Dunkelblau, du verstehst es aber, deine Gesamtwirkung durch kräftige Farbakzente, zum Beispiel einen locker fallenden Schal, zu beleben.

### Der entspannte Typ

Du liebst es ländlich-lässig und luftig-leicht, trägst locker hängende Kleider in Baumwolle oder Leinen, alles an dir ist natürlich wie auch die eher dezenten Farben deiner Stoffe. Deinen Stil unterstreichen Blütendüfte, passend zu den Mustern deiner Kleidungsstücke.

War dein Typ dabei? Oder stellst du dir deinen Stil ganz anders vor?

# 50. VERANSTALTE EINE SLEEPOVER-PARTY

Das ist jetzt aber nicht ernst gemeint, oder? Pyjama-Partys sind doch Veranstaltungen für kleine Kinder, die mit lustigen Schlafanzügen und Nachthemden durch die Betten toben, bis sie todmüde in einen Koma ähnlichen Schlaf verfallen – oder die sie betreuenden Erwachsenen. Nein, das ist eine verkürzte und stereotype Darstellung, denn zu einer richtigen Pyjama-Party gehört noch viel mehr: das gedämpfte Licht, das Erzählen von Gruselgeschichten unter der Bettdecke und lustige Snacks und Getränke. Das alles kann die erwachsene Pyjama-Party nicht bieten, und dadurch erscheint sie auf den ersten Blick nicht sehr attraktiv. Oder?

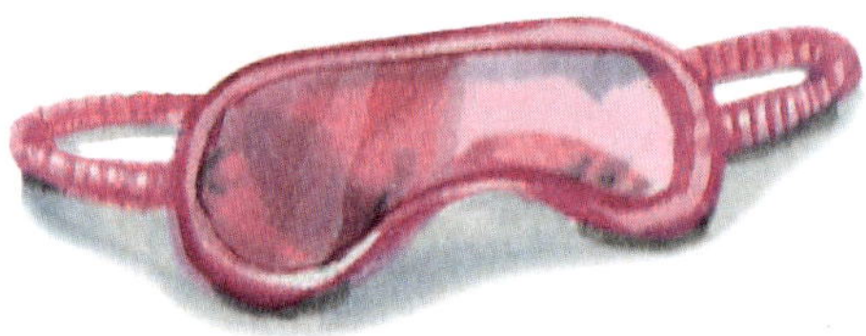

## Die perfekte Variante für Erwachsene

Ja, es stimmt, am besten funktioniert eine Sleepover-Party natürlich auf einem Kindergeburtstag, aber in der Villa Glück kannst du dir auch mal die Freiheit nehmen, über eine erwachsene Variante nachzudenken. Gemischtgeschlechtliche Pyjama-Meetings sind immer in Gefahr, entweder an Langeweile zu sterben oder in eine Orgie umzuschlagen. Am besten funktioniert es mit Freundinnen. Gefühlvolle Spielfilme, gehaltvolle Getränke, Popcorn, After-Midnight-Selfies und das alles in lockerer Nachtbekleidung ohne jeden erotischen Stress – das könnte sie sein, die neue erwachsene Form, neuzeitlich

*Sleepover* genannt. Folgend findest du weitere Anregungen, die dir helfen sollen, deinen erwachsenen Gästen eine kurzweilige nächtliche Zusammenkunft zu bieten:

**Brettspiele** können unendlich lange dauern. Ein Open-End-Monopoly sieht schon mal das Morgengrauen, Malefiz-Kontrahenten kriegen sich auch tief nach Mitternacht noch in die Wolle. Spiele bringen viel gemeinsame Zeit.

Das **Kosmetik-Buffet** macht viele glücklich. Gemeinsam Nagellack-Farben testen und Gesichtsmasken ausprobieren – das funktioniert nicht nur in der Villa Glück.

**Der Grusel-Wettbewerb:** Wer erzählt die grauenvollste Gruselgeschichte?

**Karaoke:** Wer hat das beste Talent zum Popstar-Imitator?

**Let's dance!** Fast schon in Vergessenheit geraten: Man kann auch tanzen! Und je später der Abend und je angeregter die Gäste, desto begeisternder die Moves.

**Bastelabend:** Klau den Kindern die Legokiste, und platziere sie mitten auf dem großen Tisch im Wohnraum! Männer und Frauen werden leuchtende Augen bekommen. Ähnlich beglückend: Knetmasse in ausreichender Menge.

**Klamotten-Basar:** Bringe alle Gäste dazu, überflüssige Kleidungsstücke mitzubringen und in der Mitte des Zimmers auf einen Haufen zu werfen, bei dem sich jeder bedienen darf. Die Probier-Orgie wird epischen Ausmaßes sein. Foto-Shootings inklusive.

**Ausufernden Aktivitäten:** Ratespiele, Pantomime, Schnitzeljagd – niemand kann genau sagen, wohin eine aufgeheizte Sleepover-Party-Population driftet. Rechne mit allem.

**Plane den kommenden Morgen!** Wer kann schon sagen, wie viele deiner Gäste zum Frühstück bleiben?

# 51. EINEN TAG LANG NICHTS MÜSSEN

Du könntest einen Tag lang nichts müssen und alles dürfen. Wenn wir unser Leben heute mit der Existenz in vergangenen Tagen vergleichen, sind unsere alltäglichen Belastungen relativ gering – unmenschliche Leistung wird nicht von uns erwartet, wir kämpfen nicht ums nackte Überleben. Dennoch kommt es vor, dass sich jemand in seinen gewöhnlichen Abläufen belastet und sogar überfordert fühlt. Der einfachste Weg zur Erholung ist es, sich für eine begrenzte Zeit aus dem Rennen zu nehmen, etwa einen Tag lang auf die alltäglichen Routinen zu verzichten und sich außerhalb aller einschränkenden Regeln und Erwartungen zu bewegen. Sag einfach: Ich bin heute gar nicht hier, was wollt ihr also von mir? Ich soll aushelfen, bei der Arbeit unterstützen – kein Problem! Fragt doch einfach morgen wieder nach! Heute ist meine Firma geschlossen!

## Blaumachen wie früher die Färber

Nur in der Villa Glück kann jeder von uns frei über seine Zeit verfügen, im wahren Leben gibt es für die meisten noch den Job. Mancher muss sich ein bisschen Auszeit von seinem Chef klauen, indem er eine Krankheit simuliert. Triefende Nase, krächzende Stimme, gekrümmter Gang wegen der Rückenschmerzen – haben wir das nicht alle drauf? Und macht es nicht besonderen Spaß, die geklaute Freizeit zu genießen? Das Blaumachen kommt übrigens aus dem Färbergewerbe. Beim Färben mit dem Farbstoff Indigo gibt es eine Zwangspause: Das Indigo-Färbegemisch benötigt eine Auszeit, um zu oxidieren und die gefärbten Textilien blau zu machen. Zeit für die Färber, sich dem süßen Nichtstun hinzugeben und »blau zu machen«.

## Schlechtes Gewissen?
## Hier einige Argumente fürs Blaumachen

- Du kannst endlich mal ohne Ende frühstücken! Keine hektisch eingeschobenen Brötchen, das Breakfast geht nahtlos in das Brunch über. Dazu irgendeine doofe Serie aus dem Morgenprogramm.
- Nie funktioniert Shopping besser als mitten in der Woche. Ganze Shopping-Center gehören dir allein, niemand klaut die Sonderangebote!
- Die Wohnung gehört allein dir. Keine Familienmitglieder kommen dir in die Quere, die Mitbewohner aus der WG sind alle außer Haus. Du kannst nackt durchs Haus laufen und dabei lauthals »Über sieben Brücken musst du gehen« oder »Bye, Bye, Miss American Pie« trällern.
- Du kannst endlich die Belege für den Lohnsteuerjahresausgleich ordnen. … Mal ehrlich: Dafür willst du deine wunderbare geklaute Freizeit vergeuden?
- Du bist der König oder die Königin aller S- und U-Bahnen! Überfüllte Waggons, keine Sitzplätze? Doch nicht zu diesen Zeiten!
- Du kannst ganz nach Belieben Zeit verschwenden! Geh Angeln, spiele Minigolf, besuche die Vormittagsvorstellung im Kino oder sitze stundenlang im Café.
- Geh in den Freizeitpark oder ins Schwimmbad! Die Achterbahn fährt nur für dich, und dir gehört das 50-Meter-Becken. Die schwimmenden Rentner musst du nicht groß beachten – sie beißen nicht, sie wollen nur spielen …

# 52. WUNSCHLOS GLÜCKLICH?

Ist das ein erstrebenswerter Zustand? Wenn du genau darüber nachdenkst, vermutlich nicht. Nichts mehr zu wollen, nichts mehr zu müssen, sich nichts mehr zu wünschen – befindet man sich da nicht in einem Zustand zwischen Ziellosigkeit und tödlicher Langeweile? Wünsche sind unsere Wegmarken, die Ziele auf unseren Landkarten, die Orte, die wir erreichen wollen – nicht aber, um dort zu bleiben, sondern um weiterzuziehen und uns schon bald einen weiteren Wunsch zu erfüllen. Dabei sollte der Vorrat an Wünschen groß genug bleiben, sodass sie nicht plötzlich ausgehen. Es ist gut, Wünsche zu haben, und es ist noch besser, gute Wünsche zu haben.

## Der Villa-Glück-Wunschkurs

Wünsche geben deinem Dasein eine Richtung, sie sind Wegweiser auf dem Lebensweg. Allerdings solltest du bedenken: Mit den falschen Wünschen strebst du die falschen Ziele an. Falsch oder richtig ist hier eine Festlegung in Bezug auf deine persönliche Wertewelt. Also, ein richtiger Wunsch muss für dich passen, er muss dich glücklich machen. Was sind für dich gute Wünsche? Geht es dir um etwas Materielles? Geld, Auto, ein Haus? Oder um etwas Immaterielles? Liebenswerte Freunde, gutes Essen? Dich erfüllende Hobbys? Deine besonderen Fähigkeiten? Oder ist es dir vor allem wichtig, dass deine Ziele grundsätzlich sinnvoll, weil auch erreichbar sind? Dann wünschst du dir womöglich ein neues Fahrrad, aber keinen Lamborghini.

### Die Hitliste der Wünsche

Dies ist eine mögliche Form, sein Wunschdenken zu strukturieren. An der Spitze finden sich die ganz großen Wünsche oder der große Wunsch überhaupt. In den mittleren Ebenen die erreichbaren Wünsche, gegliedert in luxuriöse oder alltägliche Kategorien, und ganz unten die kurzfristigen Ziele, die uns jeden Tag motivieren, weiterzumachen, weil wir zumindest diese Wünsche erfüllt bekommen.

Der große Wunsch

Der pure Luxus

Erreichbar

Erstrebenswert

Alltägliche Wünsche

# 53. GEDANKENSPIEL 1
# PARADIESISCHE ORTE

Im Schlafzimmer kann man gut in Gedanken reisen. Natürlich kannst du auch den Schaukelstuhl auf dem Balkon im Mondlicht oder den kleinen Pavillon im Garten als Zentrum deiner Gedankenspiele auswählen. Entscheide du, welcher Ort sich dafür am besten eignet, weil du es dort warm und bequem hast, weil du – wie hier im Schlafzimmer – ungestört bist oder weil die Aussicht zum Verweilen einlädt.
Es gibt viel zu tun im Land der Gedankenspiele. Du hast sicher deine eigenen Ideen. Aber nachfolgend findest du ein paar Anregungen.

## Gruppenreise ins Paradies

Ins Paradies wolltest du schon immer mal, aber jetzt bist du mit dem schwierigen Problem konfrontiert, dass du nicht allein reisen sollst. Wen von deinen Freunden und Bekannten nimmst du mit? Wer ist der ideale Begleiter, mit wem kannst du es in paradiesischen Zuständen aushalten, wer erträgt all deine Wünsche und passt zu all deinen Genüssen an dem Ort, ohne die Kreise deiner Träume zu stören?
Brauchst du einen Freund und Partner, der das alles gemeinsam mit dir genießen kann oder einen Kritiker und Bremser, der dich vor allzu viel Glücksrausch bewahren soll? Und wo soll es hingehen? Hier hast du Platz für ein paar erste Ideen:

---

---

---

## Paradiesische Hausordnung

Hausordnungen kennt jeder: Nicht nur das Abstellen von Fahrrädern im Hausflur muss geregelt werden, auch wer wie viele Blumenkästen an den Außenfenstern anbringen darf, verlangt nach einer juristischen Festlegung. Hausordnungen geizen nicht mit Verboten. Nicht so in der Villa Glück, hier gilt eine andere, eine paradiesische Hausordnung. Wie würde deine Hausordnung aussehen? Könnte ihr wichtigster Paragraf folgender sein: Es ist alles erlaubt, was nicht ausdrücklich verboten ist. Oder sollte die bedeutsamste Regel heißen: Es ist alles erlaubt, was keinen anderen Menschen stört oder ihm schadet. Formuliere deine persönlichen Regeln für den perfekten Ort.

### Hausordnung der Villa Glück

§ 1 ----------------------------------------

----------------------------------------

§ 2 ----------------------------------------

----------------------------------------

§ 3 ----------------------------------------

----------------------------------------

§ 4 ----------------------------------------

----------------------------------------

§ 5 ----------------------------------------

----------------------------------------

# 54. GEDANKENSPIEL 2
# DU BIST STEINREICH

Wie würdest du als reicher Mensch leben? Du könntest hier eine lange Liste erstellen, was du dir unbedingt kaufen würdest. Haus, Auto, Yacht, Grundstücke, wertvollen Schmuck … Oder aber du gehst es anders an: Mach ein Häkchen an den entsprechenden Stellen im folgenden Text. Vielleicht hilft es dir dabei, deine Position zum Reichtum ein wenig abzuklären.

- ☐ Wäre es für dich die größte Freude, deinen Wohlstand mit vollen Händen zu verprassen?
- ☐ Oder würdest du lieber versuchen, aus materiellen Werten soziales Glück zu machen?
- ☐ Wäre eine Orgie der Verschwendung dein Ding
- ☐ oder ein Rausch des Teilens und Verteilens?
- ☐ Würdest du deinen Wohlstand verschenken, an Menschen, die ihn besser brauchen können? Könntest du wieder arm, aber glücklich leben?
- ☐ Oder hältst du auch etwas für dich zurück? Etwas Glück hast du schließlich auch verdient.

## Brauche ich/brauche ich nicht – eine Entscheidungshilfe

Ausmisten, aussortieren, sich von Dingen trennen: Eigentlich hatte schon jeder einmal den Traum vom Neuanfang in einem leeren Raum. Was man alles nicht braucht – erstaunlich! Hier in der Villa Glück kannst du mal durchspielen, von welchen überflüssigen Gegenständen du dich befreien könntest – wenn du dann wirklich darauf verzichten magst. Falls du etwas Neues brauchst, kannst du überlegen, es dir gemeinsam mit einer anderen Personen anzuschaffen. Und wenn du etwas entsorgen willst: Du musst es nicht unbedingt wegschmeißen, vielleicht freut sich jemand aus der Nachbarschaft oder deinem Freundeskreis darüber.

| GEGENSTAND | BEHALTEN | KAUFEN | ENTSORGEN | TEILEN |
|---|---|---|---|---|
| AUTO | | | | |
| HAUS | | | | |
| TV | | | | |
| COMPUTER | | | | |
| SMARTPHONE | | | | |
| | | | | |
| | | | | |
| | | | | |
| | | | | |
| | | | | |
| | | | | |

# 55. GEDANKENSPIEL 3 DER FLIEGENDE TEPPICH

Wohin würdest du fliegen mit deinem *tapis volant?* Was sich im ersten Augenblick nach einer einfachen Frage anhört, entpuppt sich nach ein wenig Nachdenken als anspruchsvolles Problem: Klar, du kannst dich am Flugplan einiger bekannter Flughäfen orientieren, auf die Seychellen oder die Malediven reisen, die Großstädte der Welt besuchen – aber wozu dann ein fliegender Teppich? Fliegende Teppiche erreichen mühelos Narnia, Atlantis oder den Palast der Winde, aber auch ganz persönliche Ziele. Willst du nach Helmenholm, in die Stadt, die nur du kennst? Willst du aufsteigen auf den Gipfel der Liebeslust, hoch oben in der Stadt Taratrasfahan, wo sie mit tausend Düften und tausend Gewürzen handeln? Wohin soll es für dich gehen?

## Das Villa-Glück-Reisebüro

Du bist jetzt auf dem Flughafen der Villa Glück angekommen, aber neben dem fliegenden Teppich gibt es hier weitere traumhafte Fluggeräte, mit denen deine Fantasie in unbekannte Ferne aufbrechen kann. Fantasiereisen sind erholsam und entspannend. Verbessere deine inneren Kraftreserven.

## Fliegen à la Villa Glück

Nils Holgersson war auf einer Wildgans unterwegs, Bastian Balthasar Bux reiste in der unendlichen Geschichte auf dem Glücksdrachen Fuchur, Alf vom Planeten Melmac benutzte eine fliegende Untertasse, die leider abstürzte, während Karlsson vom Dach nur einen einfachen Propeller auf seinem Rücken brauchte, um zu fliegen. Wie sieht es bei dir aus? Mit welchem Fluggerät würdest du dich auf eine Fantasiereise begeben? Zeichne es hier unten auf, und lass es dir gleich im Patentbüro der Villa Glück patentieren.

# 56. STILLE FINDEN

Du hast in der letzten Zeit viel zu viele Geräusche gehört, viel zu viele Gedanken gedacht und viel zu viele unterschiedliche Arbeiten erledigen müssen. Dir schwirrt der Kopf sogar dann, wenn du Ruhe zu finden versuchst, und deswegen ist es vielleicht gut für dich, wenn du etwas Zeit nur für dich allein buchst – im Raum der Stille. Jede gute Villa Glück – natürlich auch deine – hat einen Raum der Stille. Dafür eignet sich das Schlafzimmer besonders gut. Aber auch andere Orte kannst du dafür nutzen. Deinen Garten zum Beispiel, eine kleine Leseecke, die du im Wohnzimmer oder Flur eingerichtet hast, oder das sogenannte stille Örtchen, also dein Badezimmer. Schenk dir selbst immer wieder eine stille Stunde. Wenn man Tag für Tag mit vielen anderen Menschen zu tun hat, kann es ausgesprochen beglückend sein, ein paar Stunden der Ruhe nur für sich allein zu genießen – sich dann aber auch wieder ins Getümmel zu stürzen.

## Mach dich auf einen der Wege

Viele Wege führen in der Villa Glück zu Stille, zu innerer Ruhe und Besinnung. Du könntest zum Beispiel mal versuchen, eine Stunde allein für dich »ganz Ohr« zu sein, einfach nur der Stille zu lauschen. Dabei wirst du möglicherweise unerwartete Beobachtungen machen: Es könnte sein, dass du die akustische Reizlosigkeit als irritierend, ja sogar als störend empfindest – ein Symptom der Entstressung. Gewöhne dich langsam an die Situation.

### Der grafische Weg

Hier ein Vorschlag, der dich der Stille näherbringen kann, und zwar mit ein paar Farbstiften. Male das Meditationsbild aus, und tauche dadurch ein in einen Moment der Ruhe und Konzentration.

# 57. BEGINNE ZU MEDITIEREN

Es gibt viele Arten von Meditation, nicht nur die der rein asiatischen Lehre. Der Angler sitzt an seinem Teich oder Fluss und wartet darauf, dass ein Fisch anbeißt – geht es tatsächlich um den Fisch? Wirft er ihn nicht anschließend ohnehin zurück ins Wasser? Ist das Warten auf das Anbeißen eines Flossentieres in Wirklichkeit gar kein nervender Zustand, sondern das eigentlich Gute an der Situation, die Laotse vielleicht das »Leerdenken am Wasser« nennen würde? Auch so mancher Fernsehzuschauer folgt nicht unbedingt den dümmlichen Inhalten der gezeigten Sendungen, sondern hängt, sehr gut für seine geistige Gesundheit, in Wirklichkeit eigenen Gedanken nach.

## Eine kurze Anleitung

Wer es tatsächlich einmal mit der asiatischen Meditation versuchen möchte, für den folgt hier eine einfache Anleitung:

### Die Position

Wer meditieren möchte, sollte locker und entspannt in einer Haltung sitzen oder liegen, die er für ein paar Minuten mühelos einhalten kann, ohne dass es unbequem für ihn wird. Dabei sollte jedoch die Sitzhaltung nicht automatisch zum Einschlafen einladen. Meditation und Schlafen sind nicht dasselbe, sondern eher Konkurrenten.

### Das Mantra

Da es bei der Meditation darum gehen soll, die eigenen Gedanken mehr oder weniger zur Kenntnis zu nehmen, aber nicht zum Zentrum zu machen, braucht man etwas, das dieses Zentrum besetzt. Zu diesem Zweck dient das Mantra, eine Art Mitte, um das alle Gedanken kreisen können. Statt aufkommenden Erinnerungen oder entstehenden Gedankengebilden oder neuen Überlegungen zu folgen, denkt der Meditierende lieber »Orange« oder »Regenbogen«.

## Die große Stille

Die Meditation beginnt, wenn du dich auf die Stille einlässt. Durch regelmäßiges Wiederholen deines Mantras sorgst du für ein Abschalten deines Verstandes – und mit dem Abschalten deines Verstandes kehrst du immer wieder in die meditative Leere zurück. Die Idee dahinter (und vielleicht spürst du schon etwas davon bei deinen ersten Übungen), die Idee dahinter ist es, zu innerer Ruhe und Ausgeglichenheit zu kommen, frei von Ansprüchen und Wünschen, Ängsten und Befürchtungen – einfach nichts weiter als ein Teil der großen kosmischen Leere zu sein, die dich und uns alle umgibt.

## Es ist ganz einfach

Weder brauchst du zum Meditieren einen besonderen Raum noch eine besondere Ausstattung oder besondere Gewänder – du kannst es einfach tun. Mantra bedeutet auf Deutsch übrigens so viel wie Werkzeug des Denkens oder auch Schutz des Denkens.

# 58. MACHE MORGENS EINE RUNDE YOGA

Direkt nach dem Aufstehen ein paar Körperübungen? Beim Yoga kommen meditative Komponenten und eine besondere Form der Gymnastik zusammen – das eine profitiert vom anderen. Im Grunde ist Yoga eine philosophische Lehre, bei der es darum geht, Körper und Geist miteinander zu verbinden. Es gibt nicht *das* Yoga, sondern endlos viele Wege, um dieses Ziel zu erreichen. Da viele Menschen Yoga praktizieren, bist du auf dem besten Weg, wenn du dich mit einigen davon in Verbindung bringst. Wenn du selbst anfangen möchtest: Eine erste Übung könnte das stille Sitzen sein, das an die Grundhaltung beim Meditieren erinnert. Andere Übungen heißen Katze, Kuh, der Baum oder das Krokodil.

## Vielfältige Philosophie

Es gibt viele Varianten von Yoga, der indischen Kunst der Vereinigung von Körper und Geist und der Selbstfindung. Wie in vielen asiatischen Philosophien ist es eine offene Denkrichtung, die viele Möglichkeiten und Wege anbietet. Hier in der Villa Glück sollen die folgenden vorgestellt werden:

Beim Hatha-Yoga wird der Körper als Tempel der Seele gesehen. Deshalb geht es darum, das Gleichgewicht zwischen Körper und Geist herzustellen. Dies geschieht durch aktive körperliche Übungen und indem bestimmte Körperhaltungen eingenommen werden. Atemübungen und Meditation vervollständigen den Übungsplan.

Lachyoga – eine ausgesprochen lustige Yoga-Variante, die die Beherrschung des Atems, unterschiedliche Dehn- und Streckübungen sowie Lachen und Klatschen für ihre Ziele einsetzt. Die unterschiedlichen Varianten von Lachyoga werden zumeist in der Gruppe erlebt.

Beim Klang-Yoga werden die Übungen mithilfe verschiedener Instrumente wie tibetanischen Klangschalen, Tamboura oder Gong, eines Didgeridoo oder einer Zungentrommel intensiviert und unterstützt.

Als Power-Yoga bezeichnet man eine Ausrichtung, bei der die Spiritualität hinter der Förderung körperlicher und geistiger Beweglichkeit zurücktritt – sozusagen ein Einstieg in die Welt des Yoga aus dem Fitnessstudio.

Das Kundalini-Yoga lehrt, dass die Energie als schlafende Schlange am unteren Ende der Wirbelsäule ruht. Durch bestimmte Übungen, Atemtechniken und Meditationen geweckt, steigt sie durch die sieben Energiezentren (Chakren) nach oben auf. Wenn sie das höchste Chakra erreicht, kommt es zur Erleuchtung. Den Chakren sind bestimmte Bereiche zugeordnet, es gibt Übungen gegen Stress, Angst, innere Unruhe und für den geistigen Reichtum.

Mehr als dich auf die Welt des Yoga aufmerksam zu machen, kann ein Buch über die Villa Glück nicht leisten, aber das ist eigentlich schon ziemlich viel.

# 59. ZEIT FÜR DEIN TAGEBUCH

Wie lange hast du jetzt vergessen, die Eindrücke des Tages einzutragen? Nimm dir heute Zeit! Es ist nicht allzu viel geschehen heute? Oder magst du vielleicht in deinen Aufzeichnungen blättern und Eindrücke der Vergangenheit zum Leben erwecken. Erstaunlich, wie viele Emotionen so ein paar Worte transportieren können! Du hast noch kein Tagebuch? Dann wird es höchste Zeit, eines zu beginnen. Freue dich darauf, im Buchhandel ein wunderschönes Blanko-Buch für diesen Zweck zu kaufen.

## Ein besonderer Text

Ein Tagebucheintrag ist eine sehr persönliche Textform, eine Variante der Autobiografie. Im Tagebuch hält der Schreiber oder die Schreiberin die eigenen Gedanken, Gefühle und Erlebnisse mehr oder weniger ausführlich fest. Viele Tagebuchschreiber begreifen das Tagebuch als einen Freund, der bei der Verarbeitung schöner und unschöner Ereignisse helfen kann und zugleich die Aufgaben eines Archivs übernimmt.

## Mitteilungen an andere

Wenn du deine täglichen Erlebnisse öffentlich machen möchtest, kannst du auch ein Blog beginnen. Ein Weblog ist nichts weiter als ein Online-Tagebuch, und es bietet dir tolle neue Möglichkeiten. Du kannst es mit Bildern und kleinen Videoclips zum Leben erwecken und in den Voreinstellungen deiner Internetseite – nichts anderes ist ein Weblog – festlegen, wer mit dir lesen und sogar schreiben kann.

## Berühmte Stimmen über das Tagebuch

Die folgenden Zitate könnten geeignet sein, deine eigene Einstellung zum Tagebuch zu verändern. Für sehr viele intellektuell aktive Menschen ist das Tagebuch ein wertvoller Gesprächspartner.

»Ich reise niemals ohne mein Tagebuch. Man sollte immer etwas Aufregendes zu lesen bei sich haben.«

*Oscar Wilde, englischer Schriftsteller*

»Die Tage, die ich nicht per Tagebuch oder sonst wie schriftlich festgehalten habe, gibt es gar nicht, habe ich gar nicht gelebt.«

*Italo Svevo, italienischer Schriftsteller*

»Wer Tagebuch schreibt, hat selbst bei quälendem Party-Geschwätz das letzte Wort.«

*Peter Rühmkorf, Schriftsteller*

»Tagebuch schreiben ist, als würdest du dir zuflüstern und zuhören zur gleichen Zeit.«

*Mina Murray, Comic-Heldin*

»Ein Tagebuch ist deine vollkommen unverfälschte Stimme.«

*Lucy Dacus, Singer-Songwriterin*

# 60. MACHE EINE KISSENSCHLACHT

Die letzten Ideen waren dir alle ein wenig zu ernst? Möglicherweise hast du Spaß an einer Kissenschlacht. Eine großartige Möglichkeit, einfach und auf humorvolle Weise überschüssige Energie loszuwerden. Und wo kann man das besser machen als im Schlafzimmer deiner Villa Glück? Also, los, such dir alle verfügbaren Kissen zusammen. Jetzt brauchst du nur noch einen Gegner. Wenn du allein bist, kannst du folgenden Trick anwenden: Leg dich auf den Rücken, und wirf das Kissen einfach nach oben – es kommt zurück zu dir, und du musst dich wehren. Vielleicht hast du aber auch menschliche Mitspieler. Oder dein Hund macht mit – die armen Kissen ....

## Kissenschlacht als Therapie

Ausflippen, seinen Emotionen freien Lauf lassen, das ist nicht unbedingt ein positives Bild der eigenen Person. Wenn jemand an die Grenze der Belastbarkeit kommt, kann es aber geschehen, dass er völlig durchdreht. Das verhindert die Kissenschlacht als eine kontrollierte Form überschießender Emotionen, als lustige Therapie, die auch in der Villa Glück ihren Platz hat.

### Alternativen

Es fehlt dir an Möglichkeiten, der richtige Ort ist nicht verfügbar? Wie wäre es alternativ mit einem Besuch auf einem Straßenfest mit Hüpfburg? Als Erwachsener kommst du dir dabei möglicherweise etwas fremd vor, aber du könntest, je nach Altersklasse, deine Kinder, Enkel oder Neffen und Nichten zu dieser Aktion überreden. Sonderlich schwer ist das oft nicht …

Nach der Bewegung kommt die Erholung

Wer sich ordentlich austobt, braucht danach eine kleine Pause. Etwas Zeit zur Regeneration, um sich anschließend wieder ins wilde Leben zu stürzen. Wie wir bereits wissen, ist Malerei ein geeignetes Mittel zur Kontemplation. Daher kannst du hier nun deinen persönlichen Kissenbezug gestalten. Und wenn der Druck wieder mal zu hoch wird, stell dir vor, wie du deine Sorgen mit deinem persönlichen Kissen vermöbelst.

# Das Badezimmer

Durch das Badezimmer führt dein Weg in deinen Tag. Mit kleinen, aber angenehmen Ritualen bereitest du dich auf die Anforderungen in Alltag und Beruf vor und weißt auch, dass du am Abend einen ähnlich strukturierten und vorbereiteten Rückweg in Richtung Ruhe und Schlaf auf dem Weg durch dieses Zimmer finden wirst. Das Badezimmer ist also nicht ein Ort langweiliger Routine – es ist der Tempel zur Pflege deiner Körperlichkeit und deiner seelischen Gesundheit.

## 61. PURE ENTSPANNUNG

Ein harter Arbeitstag liegt hinter dir – dann ist dein Bad der Ort, an dem du Erholung und Entspannung finden kannst. Nicht wie im Mittelalter – damals waren die Badehäuser in unseren Breiten zwar Orte des gesellschaftlichen Zusammenlebens, aber oft auch ausgesprochene Lasterhöhlen. Das Baden war manchmal Nebensache. Diesen Zustand beendeten die Kirche und fatalerweise auch die beim Baden verbreiteten Krankheiten. Erholsamer geht es für die Menschen dort zu, wo die Kultur zivilisierter und weiterentwickelt ist. Vielleicht bekommst du neue Ideen, wenn du einiges mehr über die exotische Welt des Badens weißt.

### Römische Bäder

In den Badehäusern des alten Rom durchliefen die Gäste meist nacheinander drei Räume mit ansteigenden Temperaturen, von einem Kaltbad bis hin zu einem 50 Grad Celsius heißen Warmbad. Die Badehäuser wurden über den Fußboden beheizt, weshalb alle Badegäste Holzschuhe trugen, um sich nicht die Füße zu verbrennen. Zum Schluss kühlte man sich wieder im Kaltbad ab.

### Japanische Tradition

In Japan sind die Menschen sozusagen zu heiß gebadet. Die Temperatur des Badewassers liegt deutlich höher als bei uns, nämlich meist über 40 Grad Celsius. Die Wärme wird als entspannend empfunden. Bis ins 19. Jahrhundert verwendete man in Japan keine Seife, sondern rieb sich mit Kräutern und Reiskleie ein, was die Haut besonders intensiv reinigte.

## Isländische Spezialität

Warm mögen es auch die Badenden in Island, denn auf dieser Insel sprudeln zahlreiche Thermalquellen aus dem vulkanischen Boden, die *heitir pottar* – heiße Töpfe. Für Isländer ist das Baden im bis zu 45 Grad heißen Wasser ganz alltäglich.

## Heilbäder aus dem fernen Osten

Im indischen Ayurveda ist das Baden ein Teil der Heilkultur. Die Zusätze und die Temperatur des Wassers richten sich nach den Bedürfnissen des Badenden. Ätherische Öle, Milch, Honig, Essig oder Kräuteressenzen werden dem Badewasser zugesetzt. Besonders beliebt ist ein Bad aus Milch und Honig, es macht samtweiche Haut. Dabei mischt man ins Badewasser eine Tasse Milch mit einer Tasse Honig und ergänzt noch fünf Tropfen Aromaöl aus Rosenwasser.

## Die Duftinsel

Duftlampen sind etwas aus der Mode gekommen, eignen sich aber hervorragend als Glückswerkzeug an einem Ort, wie die Villa Glück einer ist. Ein paar Tropfen eines Duftöls können die Wahrnehmung der Wirklichkeit in entscheidender Weise beeinflussen. Auch ein kleiner Topf mit Geäst oder Blattwerk aus dem Garten oder dem Wald übernimmt die Aufgabe einer Duftlampe mühelos. Ein paar Tropfen Duftöl auf getrockneten Blättern verbreiten eine angenehme Atmosphäre in einem ganzen Raum. Wenn ein Duft zu intensiv wird, gibt es schnelle Abhilfe: Einfach die Duftinsel nach draußen oder in einen anderen Raum tragen.

# 62. GÖNN DEINEN FÜSSEN EINE AUSZEIT

Es ist eigentlich einleuchtend, dass sich die Belastung eines Tages körperlich an der Stelle sammelt, an der sie getragen wurde: in deinen Füßen. Sie sind nach langen Wegen müde und brauchen dringend Pflege und Erholung. Hier und jetzt kannst du ihnen etwas Gutes tun, das Villa-Glück-Kräuter-Fußbad hat eine besondere Rezeptur, die dich von Kopf bis Fuß erfrischt.

## Alles im Haus!

Mit den folgenden, in fast jedem Haushalt verfügbaren Mitteln kannst du dir ein spontanes Fußbad machen, das allgemein der Pflege gilt oder gegen ein besonderes Fußproblem hilft. Als Zutaten zu Fußbädern können Heublumen, rote Weinblätter, Rosmarin, Salbei, Apfel-Essig, Ingwer und schwarzer Tee Verwendung finden.

### Ideen für wohltuende Fußbäder

Ein Fußbad mit **Honig** sorgt für eine weiche, gepflegte Haut und hilft gegen Risse und Schrunden. Für ein 5-Liter-Bad benötigt man 4 bis 5 Teelöffel Honig.
Dauer: etwa 15 Minuten

Ein Fußbad mit **Salz oder Meersalz** wirkt reinigend und beruhigend, tötet aber auch Bakterien und Pilze. In 5 Liter Wasser löst man etwa 50 Gramm Salz auf. Besonders wirksam ist das Salz aus dem Toten Meer.
Dauer: etwa 15 Minuten

Ein Fußbad mit **Apfelessig oder Essig** wirkt gegen Geruch, entgiftet die Haut und weicht Hornhaut auf. In 5 Liter Wasser werden 250 Milliliter Essig oder Apfelessig gegeben.
Dauer: 15 bis 20 Minuten

Ein Fußbad mit **Natron oder Backpulver** wirkt antibakteriell, bekämpft Fußgeruch und ermöglicht ein Fußpeeling.
Dauer: 15 bis 20 Minuten

Ein Fußbad mit **schwarzem Tee** lindert Entzündungen der Haut und bekämpft Fußpilz. Ein Aufguss aus fünf Teebeuteln kommt in 5 Liter Wasser.
Dauer: etwa 15 Minuten

## Füße hoch: Die Vorteile

Unsere Füße ermöglichen es uns nicht nur, mitten im Leben zu stehen, sondern sie tragen dabei unser ganzes Körpergewicht. Wenn wir uns bewegen, sind sie besonders belastet, weil sie unsere Bewegungsenergie auffangen und dämpfen müssen. Sie sind uns dankbar, wenn wir hin und wieder auch etwas für sie tun, zum Beispiel an einem bequemen Platz in der Villa Glück die Füße hochlegen. Dadurch verbessert du die Durchblutung, und die Venen werden entlastet.

# 63. DÜFTE WIRKEN LASSEN

Auch hier ist das Bad in der Villa Glück der Ort für neue Abenteuer und Erkenntnisse. Schnuppere an den Probefläschchen im Bad – an wen erinnern dich die Düfte? Vielleicht denkst du bei dem einen oder anderen Duft an eine Person oder an eine ganz bestimmte Situation aus deiner Vergangenheit – oder es vermittelt dir eine neue olfaktorische Erfahrung. Kennst du die großen Düfte von Chanel bis Yves Saint Laurent? Wähle unter den vielen Möglichkeiten genau deinen Duft, der deinen Charakter und deine Lebensweise unterstreicht. Nicht zuletzt der Duft bestimmt den Auftritt einer Dame von Welt und hält sie auch dann noch gegenwärtig, wenn sie bereits ein paar Schritte in die Zukunft unternommen hat …

## Entspannung in flüssiger Form

Hier ein paar Vorschläge für die Öle, die auch im Bad deiner Villa Glück ihre Wirkung verströmen können und was sie sonst noch bewirken:

**Lavendel** wirkt entspannend und sorgt für innere Ausgeglichenheit und Harmonie. Außerdem besitzt es auch eine antibakterielle und entzündungshemmende Wirkung. Der Duft von ein paar Lavendelblättern in einem Stoffsäckchen vertreibt übrigens auch die Motten aus dem Kleiderschrank.

Der an Zitrusfrüchte erinnernde Duft von **Melissenöl** wirkt beruhigend, angstlösend und hilft – dann jedoch besser im Schlafzimmer – beim Einschlafen …

Auch der sehr elegante Duft von **Rosenöl** wirkt entspannend, aber auch stimmungsaufhellend und kann dadurch über ein stressbedingtes Tief hinweghelfen. Allerdings ist Rosenöl sehr teuer.

Der lieblich-süße Duft der **Geranie** leistet Ähnliches wie Rosenöl, mildert darüber hinaus aber auch Erschöpfungszustände und die Folgen von Stress.

Der warme Duft von **Orangenöl** hebt deine Stimmung und aktiviert deine Energie. Die Öle anderer Zitrusfrüchte wie etwa das der **Bergamotte**, der **Grapefruit** oder der **Mandarine** haben ähnliche erfrischende und aufheiternde Effekte.

Der Wohlgeruch des **Zedernholzes** stärkt und gibt neuen Mut, während **Fichtennadelöl** eine ätherische Waffe gegen Nervosität und Erschöpfung ist. **Pfefferminzöl** fördert die geistigen Kräfte, die Konzentration und das Gedächtnis. **Eukalyptus** wird darüber hinaus eine erfrischende und befreiende Komponente nachgesagt.

Letztlich ist es deine Entscheidung, welches Aroma du auf dich einwirken lassen möchtest. Du hast die Wahl, und vieles tut dir gut. Notiere deine Erfahrungen.

---

---

---

---

# 64. EIN BADEWANNENFEST

Feiere ein Badewannenfest mit Kerzenlicht und Rotwein! Wie viele Personen daran teilnehmen, hängt von der Größe deiner Badewanne ab … Scherz beiseite: Badewannenfeste kannst du am besten allein oder zu zweit feiern. Ob es sich um ein Festmahl handelt oder um einen romantischen Umtrunk, entscheidest du. Das Badezimmer der Villa Glück ist für alles offen. Also: Lade jemanden, den du magst, zu einem Badewannenfest ein! Wenn du sechs oder acht Jahre alt bist und jemanden suchst, der mit dir im Badezimmer herumplanscht, ist das ganz einfach. Erwachsene zu Badezimmerfesten einzuladen sollte allerdings gut überlegt sein. Für ein erstes Date eignen sie sich selten – eher schon für ein Paar, das sich gemeinsam über die zuverlässige und vertraute Liebe freuen will.

## Die Luxusversion für Königinnen

Dass die ägyptische Königin Kleopatra in Eselsmilch badete, ist eine Legende, die sich über die Jahrhunderte gerettet hat, weil sie eine Aura von dekadentem und laszivem Luxus ausstrahlt. Ja, Kleopa-

tra wusste, was ihr und ihrer Haut guttat, und moderne Menschen müssen ihr in nichts nachstehen, denn es gibt mittlerweile das ägyptische Kleopatra-Bad mit Milchproteinen, Honig und Mandelöl von unterschiedlichen Kosmetikfirmen fertig zu erwerben.

## Kleopatra-Luxusbad DIY

Das klassische Bad der ägyptischen Königin musst du nicht kaufen, du machst es dir einfach und schnell selbst zurecht.

### Zutaten

- 1 Liter Vollmilch oder Buttermilch
- 250 Gramm Bienenhonig
- 3 bis 5 EL Olivenöl oder ein anderes reichhaltiges Öl
- Rosenblüten für den guten Duft und zur Dekoration

### Und so geht's

Das Wasser sollte eine Temperatur von 38 bis 39 Grad Celsius haben, denn es soll ja nachher nicht heißen, du hättest wohl zu heiß gebadet. Der Honig sollte zunächst im Wasserbad erwärmt werden, damit er sich gut mit den übrigen Zutaten des Bades mischen lässt. Die Milch und das Olivenöl mit dem erwärmten Honig verrühren. Die Mischung langsam in das einlaufende Badewasser gießen. Die Rosenblätter auf das Wasser streuen, Schwimmkerzen zu Wasser lassen, sie erzeugen bei gedämpftem Licht eine geheimnisvolle Atmosphäre. Die passende Musik wählen, »Walk Like An Egyptian« von The Bangles würde sich anbieten. Genießen!

### Badewannenträume

Wenn jetzt gut gebaute dunkelhäutige Männer mit Palmenfächern neben der Badewanne auftauchen, bist du, meine liebe Leserin, vermutlich leider eingeschlafen. So etwas kann passieren in der Villa Glück.

# Keller und Dachboden

Nun betreten wir die beiden äußersten Orte der Villa Glück: Ganz oben unter dem Dach hat sich gesammelt, was woanders nicht mehr gebraucht wurde. Gegenstände aus der Vergangenheit, unter einer feinen Staubschicht, in Kartons verpackt, auf jeden Fall mit einer geheimnisvollen Ausstrahlung. Unter deinen Füßen die andere extreme Etage: der Keller der Villa Glück, das Fundament einer Glückszentrale. Auch hier gibt es Heimlichkeiten und Dinge, die anderswo keinen Platz gefunden haben – einige davon mit geradezu magnetischer Anziehung …

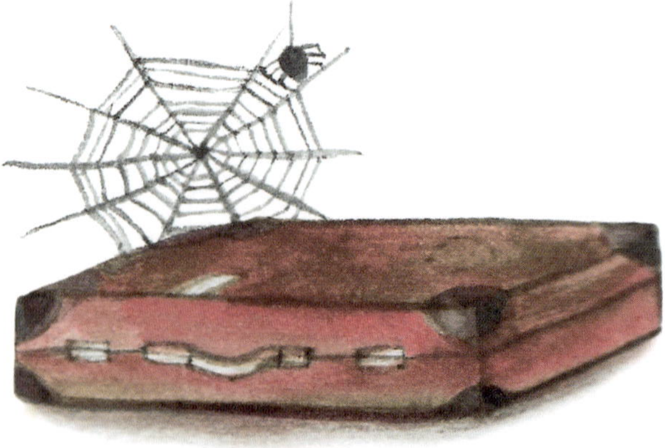

# 65. UNTERNIMM EINE FORSCHUNGSREISE

Nein, nicht in unbekannte Länder oder in die Weiten des Weltalls – reise in die Vergangenheit deines realen Lebens! Wie könnte das aussehen? Ein Tropenhelm und einheimische Träger brauchst du nicht für eine Expedition zu den Kisten und Kästen aus deiner Geschichte! Ein gelebtes Leben hinterlässt seine Spuren – Gegenstände, Kleidungsstücke, Dokumente in Text und Bild auf Papier und auf anderen Medien festgehalten. Jedes Jahr, jedes Jahrzehnt sammelt sich in dieser Weise an – erstaunlich viel, was vielleicht schon in Vergessenheit geraten ist. Deshalb:

**Schaue in jeden alten Koffer und jede Kiste**

Es gibt viel zu entdecken! Du kannst allein für dich forschen oder liebe Menschen an deiner Expedition in die Vergangenheit beteiligen. Die Forschungsergebnisse holen wertvolle Erfahrungen in die Gegenwart und beeindrucken durch ihre Intensität. Was dort in Kisten und Kästen lagert, ist erstaunlich frisch geblieben – sozusagen eingemachtes Leben. Nein, stoße dich nicht daran, dass manche Fundstücke aus der Vergangenheit nicht mehr real existieren, während du andere noch in Händen halten kannst. Die Erinnerungsstücke aus deinem Gedächtnis und somit aus der Villa Glück sind genauso wertvoll wie die tatsächlich noch vorhandenen Relikte.

### Was ist das denn?

Besonders spannend wird es, wenn bei deinen Ausgrabungen Gegenstände auftauchen, die du gar nicht mehr einordnen kannst. Entweder handelt es sich dabei um Erbstücke von deiner Familie oder um Hinterlassenschaften des letzten Mieters. Oder du hast ein sehr schlechtes Gedächtnis. Nimm dir die Zeit, um nachzuforschen …

### Die besten Fundstücke

Welche Briefe, Fotos, alten Schularbeiten oder Kleidungsstücke hast du gefunden? Und welche Erinnerungen verbindest du damit? Hier hast du Platz, um es aufzuschreiben:

# 66. LIES BRIEFE AUS VERGANGENEN TAGEN

Du gehörst noch zu einer Generation, die Schriftliches auf Papier hinterlässt? Möglicherweise ist dies die letzte – die wirkliche *last generation*. Tauche ein in die Gedanken eines vertrauten Menschen, in die Nachrichten aus einer vergangenen Gefühlswelt, genieße die Wärme und Zuwendung, die noch immer zu spüren sind. Nein, das sind nicht nur einfach ein paar Worte, nicht einfach ein Text – auch das Papier, auf dem geschrieben wurde, sagt dir etwas. Vielleicht

verströmt es sogar noch den Duft der geliebten Person – nur einen Hauch, aber du spürst es dennoch. Jeder einzelne Buchstabe, von Hand geschrieben, ist ein winziges Geschenk, ein Stückchen von der Persönlichkeit des Menschen, der dich mit diesem Text erreichen wollte. Vielleicht hast du auch das Glück, dass es ein besonderer Liebesbrief ist, mit einer Haarlocke vielleicht oder einer kleinen gepressten Blüte oder den immer noch roten Kussspuren von zwei Lippen …

## Womit unsere Vorfahren geschrieben haben

Alles begann mit einem Schilfrohr, auch Calamus genannt, das für das Schreiben zurechtgeschnitten wurde. Bis ungefähr 400 nach Christus war dies das einzige Schreibgerät, das regelmäßig verwendet wurde. Während sich die Antike mit dem Schilfrohr begnügen musste, kamen nach dem Jahr 400 nach Christus Vogelfedern in Gebrauch.

Meist waren die Schwungfedern von Gänsen, die in dem Hohlraum in ihrem Inneren die Tinte aufnahmen. Zurechtgeschnitten wurden sie mit einem kleinen scharfen Federmesser.

### Die moderne Schreibfeder

Der Erfinder der Schreibfeder aus Stahl ist bekannt. Die »Aachener Stahlfeder« erfand 1748 der Bürgermeisterdiener Johannes Janssen. Es dauerte allerdings noch 100 Jahre, bis sich dieses praktische Schreibwerkzeug durchsetzen konnte. Im 19. Jahrhundert wurden Stahlfedern in großer Stückzahl industriell gefertigt, zunächst in England, dann aber in ganz Europa. Eine Weiterentwicklung der einfachen Stahlfeder ist der Füllfederhalter, bei dem die Feder aus einem Tintentank mit Tinte versorgt wird.

### Jetzt fehlt noch die Tinte

Die Tinte ist die Flüssigkeit, mit deren Hilfe die Buchstaben aufs Papier gebracht werden. Sie wurde lange Zeit aus Ruß hergestellt. Auch andere Farbstoffe, wie etwa das Sepia genannte Pigment von Tintenfischen, kamen in geschichtlicher Zeit zum Einsatz. Um 1850 entwickelte ein Chemiker die sehr beständige Eisengallustinte, die für echte Schriftstücke bis heute verwendet wird. Moderne Tinten enthalten eine Vielzahl unterschiedlicher Farbstoffe.

### Hast du einen Lieblingsbrief gefunden? Was stand drin?

-----------------------------------------------------

-----------------------------------------------------

-----------------------------------------------------

-----------------------------------------------------

-----------------------------------------------------

# 67. ZEUGNISSE UND ZENSUREN

Hast du noch den Ordner mit deinen alten Schulzeugnissen? Oh Mann, wie wichtig waren sie, die Zeugnisse, die du jetzt auf vergilbtem Papier in einem verstaubten Ordner gefunden hast! Was haben dich deine Zensuren Nerven gekostet, wie wichtig war es, dein Wissen unter Beweis zu stellen – vieles davon heute vergessen, aber auch wertvolle Geschenke gab es. Formen der höheren Mathematik etwa, gut, um die Schärfe deines Denkens zu verbessern. Die alten Fremdsprachen Latein und Griechisch – Grundlage deiner Bildung. Die neuen Fremdsprachen, über die du dich jeden Tag wieder freust, weil sie dich zu einem lebendigen Europäer machen.

## Reise in die Vergangenheit

Immer, wenn du über deine Ergebnisse in einem Schulfach nachdenkst, blitzen in deiner Erinnerung Bilder längst vergessener Personen auf: dein überaus agiler Sportlehrer, deine Mathematiklehrerin mit dem scharfen Blick eines Raubvogels, die heitere Deutschlehrerin, der Religionslehrer, der über die Flure schwebte wie kein zweiter … Ja, es gab sie wirklich. Schön, dass du sie noch mal treffen kannst.

## Der Einstein-Mythos

Das Gerücht, dass das Physik-Genie Albert Einstein in seiner Zeit als Schüler schlechte Noten hatte, ist falsch und hängt damit zusammen, dass die Notenskala an Schweizer Schulen genau umgekehrt funktionierte. Schon richtig, Albert Einstein hatte viele Fünfen und Sechsen – die besten Noten überhaupt.

### Das Zeugnis der Villa Glück

In der Villa Glück gibt es auch Noten, aber nicht in Mathe und Englisch. Die Fähigkeiten und Kenntnisse, die hier bewertet werden, stammen aus einer anderen Welt als der staatlichen Schule. Was braucht es, um glücklich zu sein, das ist hier die Frage. Denke dir Bereiche aus, in denen du dich verbessern willst, und gib an, welche Note dein Ziel ist.

## ZEUGNIS

| FÄCHER | WUNSCHNOTE |
| --- | --- |
| Freundlich sein | ☐ |
| Anderen helfen | ☐ |
| Ein Nickerchen machen | ☐ |
| Sportlichkeit | ☐ |
| Gäste bewirten | ☐ |
| Menschen zum Lachen bringen | ☐ |
| Kuschelfaktor | ☐ |
| Pferde stehlen | ☐ |
| Kaufberatung | ☐ |
| Fantasie spielen lassen | ☐ |
| Abenteuerlust | ☐ |
| ------------------------------ | ☐ |
| ------------------------------ | ☐ |
| ------------------------------ | ☐ |

# 68. BLÄTTERE DURCH DIE ALTEN FOTOALBEN

Aus alten Bildern entstehen neue Bilder. Auch aus alten vergilbten Fotografien, die deine älteren Vorfahren zeigen, aus Farbfotografien in verschossenen Farben, steigen die Bilder von Menschen in Fleisch und Blut auf, besonders dann, wenn du ihnen noch persönlich begegnet bist. Selbst die Abbildungen deiner Urgroßeltern lassen konkretere Persönlichkeiten entstehen, wenn du ihnen über Jahrzehnte hinweg in die Augen schaust. Und dann die Fotos, die dich selbst und deine Kindheit eingefangen haben – du in Opas Hühnerstall, auf der Schaukel oder mit Schultüte. Halte für dich fest, wie reich dich diese Vergangenheit macht. Lass jemand anderen daran teilhaben – deine Kinder zum Beispiel?

## Gemeinsames Erinnern macht glücklich

Mach es dir zu einem besonderen Vergnügen, ein altes Fotoalbum mit deinem Partner oder deiner Partnerin gemeinsam zu »erforschen«. Solltest du das Glück haben, dass deine Vorfahren noch leben, wird dir eine Fotosession mit Oma oder Opa ganz neue Freudenmomente schenken.

## Die richtige Pflege

Wichtig: Alte Fotos brauchen einen umsichtigen Umgang. Wirklich sehr alte Fotos sind erstaunlicherweise erheblich unproblematischer als solche neueren Datums. Sie sind an ihrer silbrigen Oberfläche zu erkennen und relativ unempfindlich gegen Lichteinwirkung. Einzig das Papier könnte mit der Zeit etwas vergilben. Farbfotos aus dem 20. Jahrhundert, speziell solche ab 1970 neigen dazu, unter Lichteinwirkung zu verblassen und ihre Farben zu verändern. Deshalb sind sie in einem Fotoalbum richtig aufgehoben. Wenn solche Fotos sich unter den Einwirkungen der Zeit bereits deutlich verändert haben, kannst du sie einscannen und mit einem Bildbearbeitungsprogramm einer Farbkorrektur unterziehen.

## Leg ein neues Album an!

An dieser Stelle wirst du vielleicht den Wunsch verspüren, deine jetzige Gegenwart in ähnlicher Weise festzuhalten, wie es deine Vorfahren getan haben. Ja, ein Fotobuch jedes Jahr, das ist auch eine Möglichkeit. Ein Album mit eingeklebten Fotoabzügen allerdings kann ein lebendiger, wachsender Gegenstand sein, mit dem du und deine Lieben sich beschäftigen. Das Fotobuch verschwindet – nach einer ersten Betrachtung – womöglich einfach irgendwo im Regal, das Album wird jedes Mal wieder hervorgeholt und durchgeblättert, wenn neue Bilder eingeklebt werden müssen. Ein besonderes Vergnügen dabei: kommentierende Texte verfassen.

## Alte Fotos und deine Kreativität

Häufig verspüren Menschen den Wunsch, alte Fotos für kreative Collagen zu verwenden, die sie vom Motiv her deutlich aufwerten. Da wird geschnibbelt und geklebt, und mit jedem Schnitt wird ein unwiederbringliches Zeitdokument zerstört. Zügele deinen schöpferischen Trieb und warte, bis du Kopien verwenden kannst! Oder mache solche Collagen digital mit Scanner und Computer.

# 69. RELIKTE AUS FRÜHEN KINDERTAGEN

Vielleicht findest du noch eine Kiste mit Babysachen. Es könnten deine eigenen sein – vielleicht stammt die Kiste von deiner Mutter oder aus Omas Zeiten. Freu dich über diesen Blick in die Vergangenheit! In diesen Hosen hast du selbst einmal gestrampelt, in diese winzigen Babyschuhe deine Füße gesteckt. Oder du selbst hast in einem Schuhkarton die Kindheit deines Nachwuchses archiviert – Schnuller, Lätzchen, Schlafanzüge und die ersten Spielzeuge. Eine kleine Mütze für kalte Wintertage – wie konnte nur aus einem Wesen mit so einem kleinen Köpfchen ein so großartiger Junge, ein quicklebendiges und so einmaliges Mädchen werden? Erstaunlich, dass es in deiner Villa Glück noch immer ein Kinderzimmer mit Wickeltisch und Krabbeldecke gibt … Deine Erinnerung funktioniert gut.

## Ein Foto ist immer nur ein Abbild

Ein Glück, dass du nicht alle Gegenstände weggeworfen hast. Man könnte sonst auf die Idee kommen, dass Fotos aus den Kindertagen genügen als Belege der Vergangenheit. Tatsächlich sind sie nur eine Notlösung. Denn über den optischen Eindruck hinaus liefern die Gegenstände selbst eine Vielzahl sinnlicher Informationen. Die Kinderkleidung fühlt sich so an, als würdest du dein Baby noch auf dem

Arm tragen, der Strampler duftet noch nach Babypuder, in den alten Beißringen spürst du noch winzige Kerben von Babys ersten Zähnen. Und die bunten Spielzeuge, die dabei halfen, das Gehör des Babys zu schulen, wecken jetzt bei dir mit ihrer Welt aus Tönen und Geräuschen, mit ihrer einfachen Musik einen gefühlsgeladenen nostalgischen Klangraum.

### Erinnerst du dich noch?

Wenn es um die Bilder aus den Kindertagen geht, genügt oft ein kleiner Anstoß, der eine Explosion von Erinnerungen auslöst. Egal, ob du selbst schon Kinder hast oder ob es um deine eigene Kindheit geht, hier sind ein paar Fragen, die dir helfen, in schöne vergangene Zeiten einzutauchen.

- Gibt es ein Ultraschall-Bild von dir oder deinem Baby?
- Oder ein Namensarmband aus dem Krankenhaus?
- Hast du den ersten Strampler archiviert?
- Wie sieht es mit dem ersten Schnuller aus?
- Besitzt du noch ein erstes oder ein sehr frühes Bild, das dich oder dein Kind zeigt?
- Gibt es noch ein Paar von diesen winzig kleinen Schuhen?
- Welches war das erste Wort, das dein Baby gesprochen hat?
- Was war das erste Wort, das du selbst gesprochen hast?
- Alte Baby-Fotos: Wer ist das, deine Mutter oder deine Großmutter?
- Wer war deine Lieblingstante/dein Lieblingsonkel?
- Weißt du noch, wie dein Kinderwagen aussah?
- Weißt du noch, wie der Hund der Familie hieß? Die Katze?
- Welches Babyfoto von dir magst du besonders? Warum?
- Gibt es ein Foto von deiner Einschulung? Mit oder ohne Tüte?
- Hast du Fotos von deiner Oma oder deinem Opa gefunden?

# 70. GEISTERSTUNDE IN DER VILLA GLÜCK

Nicht jede Ausgabe der Villa Glück sieht genau gleich aus. Es mag sein, dass es gerade in deiner Version des virtuellen Gebäudes Räume gibt, die eine andere Person in ihrem Traumhaus gar nicht finden kann. Dafür fehlt es dir vielleicht irgendwo an etwas anderem … an einem Fenster oder einer Tür. Die Unterschiede bedeuten nur, dass persönliches Glück unterschiedliche Bedingungen benötigt.

## Ein magischer Ort

Im Dachgeschoss der Villa Glück bewahren die meisten Menschen auch die Ausrüstung für ihre Traumreisen auf. Dieser Raum hoch oben im Haus ist der Ort, an dem die virtuellen Reiseandenken und Souvenirs verstaut werden, die die Bewohner der Villa von ihren Unternehmungen mitgebracht haben. Auf dem Dachboden mancher Villa Glück wurde auch schon eine Treppe gesehen, die direkt hinaus nach draußen auf das Dach führt und vermutlich auch noch höher …

### Was ist am Gruseln so toll?

Wer es angenehm gruselig mag, sollte am Abend oder in der Nacht zum Dachgeschoss emporsteigen und sich mit den freundlichen Geistern und Gespenstern treffen, die seine Fantasie dort angesiedelt hat. Gerade im Dämmerlicht passieren die besten Geschichten mit dem höchsten Unterhaltungswert, die man sich und seinen Freunden anschließend erzählen kann. Oft reicht diese Erlebniswelt bis in die Kindheit zurück.

### Der gurrende Gast

Auf dem Schornstein der Villa Glück zum Beispiel sitzt manchmal eine weitgereiste Taube, die zwar die Sprache der Menschen nicht beherrscht, aber mit ihren wunderbaren Gurr-Lauten alles erzählt, was man über die fernen Länder wissen muss, in denen sie schon gewesen ist. Als Kind hast du sie immer gut verstanden. Jetzt musst du nur wieder lernen, ihr richtig zuzuhören.

### Stell dich deinen Ängsten

An anderer Stelle in der Villa Glück haben wir bereits über Fantasiereisen und ihre entspannende und entlastende Wirkung geschrieben. Bei den Gruselgeschichten geht es nun, obwohl man das denken könnte, gar nicht unbedingt um die Schattenseiten unserer Existenz. Horror und Gruseln sind dazu geeignet, uns unseren Ängsten zu stellen, uns mit ihnen auseinanderzusetzen und uns dabei von innen zu befreien.

### Glückliche Rückkehr in die Realität

Der Wirkmechanismus funktioniert nicht nur bei literarischen Geschichten. Die meisten von uns kennen es aus dem Fernseher: Warum setzt sich jemand auf sein Sofa und schaut sich ein Kettensägenmassaker oder menschenfressende Zombies an? Weil die Zuschauer genau wissen, dass es sich dabei um Fiktion handelt, und wenn das die Fiktion ist, dann ist die Realität etwas ganz anderes – nämlich völlig in Ordnung.

# Raus ins Grüne

Unser virtuelles Haus hat auch eine Verbindung zur Natur. Je nachdem, wie du dir eine glücklich machende Verbindung zwischen Haus und umgebender Landschaft vorstellst, ist es vielleicht eine liebevoll bepflanzte Terrasse, ein Balkon mit Pflanzen im Topf oder ein kleiner Garten. Wer ein paar Schritte weitergeht, findet seine Verknüpfung zu Mutter Natur eventuell auch im Stadtpark oder in einem weitläufigen Wald. In jedem Fall gibt es viele Möglichkeiten, um die grünen Räume der Villa Glück zu genießen.

# 71. VERANSTALTE EIN MINI-PICKNICK

Ein groß angelegtes Picknick ist eine tolle Sache, verbunden jedoch mit einigem Aufwand. Was du alles aus deiner Küche hinaus in die freie Natur schleppen musst, um das Picknick zu einem ganz besonderen Ereignis zu machen! Es geht aber auch anders. Besorge dir einen besonders kleinen Picknickkoffer oder Picknickkorb, lege für jeden Teilnehmer deines Picknicks (am besten zwei) ein Ei, ein Brötchen, eine Scheibe Schinken und ein winziges Stück Butter hinein, zwei kleine Tassen, und der Kaffee oder Tee kommt in die Mini-Thermosflasche. Und nun raus in den Garten. Wenn das kein besonderes Ereignis ist!

## Ausflug in den Stadtpark

Natürlich kannst du dein Mini-Picknick auch im Stadtpark abhalten oder irgendwo draußen ein Stück vor der Stadt am Fluss oder an einem See. Dazu brauchst du noch nicht mal das Auto, denn dein Mini-Picknick-Koffer oder Rucksack passen auch auf den Gepäckträger deines Fahrrads oder in deine Umhängetasche in der Straßenbahn. Small is beautiful!

### Blüten, die man essen kann

Mit ziemlicher Verblüffung reagieren deine Gäste, wenn du auf deinem Gartenfest beginnst, die Blumendekoration zu verspeisen. Zu den essbaren Blütenpflanzen gehören die Kornblume, Ringelblume, Jasmin, Kapuzinerkresse, Veilchen und Rosen. Besonders die farbigen Blüten der Kapuzinerkresse eignen sich als bunte Dekoration für einen Salat. Aber Vorsicht, informiere dich: Viele Blüten sind giftig!

## Schnelles für unterwegs: Snackideen à la Villa Glück

Der Spaß an der Sache liegt in der Spontaneität. Zu einem kurzfristig angesetzten Picknick gehört auch schnelles Essen, zubereitet von jetzt auf gleich. Ganz ohne Küchenarbeit kommen manche Delikatessen aus dem Supermarkt aus:

**Grissini** sind die knusprigen Brotgebäckstangen, die man in verschiedenen Qualitäten kaufen kann. Dazu als Dip **Hummus**, **Aioli** oder **Kräuterquark** kaufen, in Fingerfood-Gläschen einfüllen – fertig ist der erste Gang für das Mini-Picknick. Wer will, kann die Dips auch selbst herzustellen. Rezepte dazu findest du im Netz.

Eine reife **Avocado**, dazu ein Fläschchen **Zitronensaft** und etwas **Zucker**, zu Hause in einen Streuer mit ausreichend großen Löchern im Deckel eingefüllt. Avocado rund um den Kern halbieren, Kern herausnehmen, in die entstandene halbe Frucht etwas Zitronensaft träufeln, Zucker drüberstreuen und auslöffeln!

Noch einfacher? **Ein gekochtes Ei**, etwas Senf, Maggi oder Krabbencreme zum Würzen. Hübsche Eierbecher wirken besonders schick auf der Wiese im Stadtpark.

Eine Entscheidung für ein genaues Rezept und 15 bis 20 Minuten Vorbereitungszeit in der Küche sind für die folgenden Leckereien nötig: **Mini-Frikadellen**, die auch gern vegan sein dürfen. **Taboulé**, der libanesische Salat aus Petersilie und Bulgur. **Italienischer Nudelsalat** mit Rucola, Tomaten und Mozzarella.

# 72. LAUFE BARFUSS ÜBER EINE GRÜNE WIESE

Die einfachste Vergnügung, wenn es Sommer ist und du draußen in der Natur sein kannst? Ein Spaziergang oder Lauf mit nackten Füßen über eine Wiese. Leider vergessen wir immer wieder, wie schön das sein kann. Dabei spielt es keine Rolle, ob es sich bei deiner Spielwiese um einen Flecken Erde in deinem Garten oder irgendwo im Umfeld deiner Stadt handelt.

## Schon der erste Schritt macht Spaß

Lass die Grashalme deine Fußsohlen kitzeln, springe über alle Regenwürmer und Schnecken, bis dir die Puste ausgeht, und lass dich dann ins Gras plumpsen. Sicher haben deine sensiblen Fußreflexzonen von der Wiese neue Informationen erhalten, kühle, ein wenig feuchte Glücksmomente, unterstützt von der Duftwahrnehmung durch deine Nase. Mach das Erlebnis noch intensiver: Bleibe einfach so in dem wunderbaren Meer von grünen Halmen liegen!

### Denke an deine Sicherheit!

Denke bei einer fremden Wiese nur an deine Sicherheit – besonders dort, wo viel gefeiert wird, finden sich zwischen den Grashalmen Glassplitter von zerbrochenen Flaschen. Etwas sicherer sind da Wiesen weiter draußen in der Natur. Allerdings musst du dir hier überlegen, ob du mit deiner Aktion nicht vielleicht ein natürliches Biotop nachhaltig störst.

### Lebensraum Wiese

Obwohl fast alle Wiesen von Menschen geschaffen sind, haben sie sich im Laufe von vielen Hundert Jahren zu einem wichtigen Lebensraum für Pflanzen und Tiere entwickelt. Über 2000 Arten sind auf unseren Wiesen zu Hause, und damit sind diese grünen Flächen mit ihrem vielfältigen Bewuchs bedeutende Orte für die Artenvielfalt. Hier ein paar klassische Bewohner der Wiese. Vielleicht entdeckst du sie ja bei deinem nächsten Spaziergang?

Die seltene **Haselmaus** wiegt nur etwa 40 Gramm und ist so groß wie ein Daumen. Sie ist eigentlich keine Maus, sondern mit den Sieben-, Garten- und Baumschläfern verwandt. Die dämmerungsaktiven Tiere ernähren sich vor allem von Knospen, Blüten und Samen, Früchten und Beeren.

Der **Steinkauz** ist eine kleine Eulenart, die ebenfalls das vielfältige Nahrungsangebot der Wiese nutzt. Der nur 20 Zentimeter große Vogel hat eine Flügelspannweite von etwa 55 Zentimetern. Anders als die meisten Eulen jagt er auch tagsüber, besonders dann, wenn er in seiner Nesthöhle am Rande der Wiese Jungvögel großziehen muss.

Ein typischer Wiesenschmetterling ist das **Große Ochsenauge**. Die zu den Edelfaltern zählende Art findet bei den Blüten der unterschiedlichen Pflanzenarten auf der Wiese ihre Nahrung.

Der **Klatschmohn** prägt durch die leuchtend rote Farbe seiner Blüten von Mai bis Juli das Erscheinungsbild der Wiese.

# 73. EIN KRÄUTERBEET MACHT FREUDE

Ein kleiner Kräutergarten sorgt dafür, dass immer frische Gewürze vorhanden sind. Die Kräuter kannst du auch auf dem Balkon oder einer Fensterbank anbauen. Dabei halten sich manche Gewürzpflanzen besser als andere. An Basilikum hat man meist nur ein paar Wochen Freude, während Thymian oder Salbei für längere Geschmacks- und Duftfreuden sorgen. Nachfolgend eine kleine Kräuterkunde für deine Villa Glück:

### Lorbeer

Etwas ganz Besonderes ist ein kleiner Lorbeerbaum. Frische Lorbeerblätter sind weitaus aromatischer als die weit bekannten getrockneten.

### Petersilie

Als Topfpflanze liebt die Petersilie halb schattige, windgeschützte Standorte. Sie mag keine Staunässe, also nicht zu stark gießen und überschüssiges Gießwasser abschütten.

### Rosmarin

Im Topf eingepflanzt bevorzugt Rosmarin humusarme, sandige Substrate und sonnige warme Standorte. Das Kraut muss regelmäßig gegossen werden, aber immer nur wenig.

### Minze

Es gibt etwa 30 europäische Minze-Arten, die Pfefferminze ist nur eine. Alle Arten brauchen gut gedüngte humushaltige Erde, die regelmäßig gegossen wird.

### Die wilden Verwandten

Diese Pflanzen stehen nicht in einem typischen Kräuterbeet, sondern abseits des Weges, im Park oder Wald. Sie sind nicht so beliebt wie Petersilie und Thymian, stecken aber voller überraschender Superkräfte, die du gut für dein Leben in der Villa Glück nutzen kannst.

### Brennnesseln

Sammle Brennnesseln für Tee, Smoothies oder als Gemüse, nutze dazu Handschuhe. Junge Brennnesseln sind ein wohlschmeckendes und gesundes Naturgemüse, vom Aussehen her dem Spinat ähnlich, im Geschmack aber stärker und ganz eigenständig. Mit ein paar gerösteten Zwiebeln oder etwas Speck: lecker!

### Giersch

Was manche für ein Unkraut halten, ist in Wirklichkeit kostbare Natur. Antioxidantien, Vitamine, Mineralstoffe und Spurenelemente sind hier in großer Menge im Angebot. Giersch bietet viermal mehr Vitamin C als Zitronen. Ob im Salat, in Suppen oder als Gemüse – Giersch macht gesund und glücklich.

### Bärlauch

Diese Wildpflanze wächst im Wald und verbreitet im Frühjahr ein intensives Knoblaucharoma. Deshalb ist sie perfekt für den Frühlingsquark. Außerdem sagt man der Pflanze nach, dass sie das Risiko von Herzinfarkt und Schlaganfall mindert. Achtung: Verwechsle sie nicht mit der giftigen Herbstzeitlosen.

**Bei Kräutern gilt stets:** Iss nur, was du sicher kennst!

# 74. SELBSTVERSORGER SEIN

Es muss nicht immer ein Teil der Wildnis sein, der bei dir auf den Tisch kommt. Auch ganz gewöhnliche Gartenpflanzen werden dich eine Portion glücklicher machen, wenn du sie selbst angebaut hast. Hierzu zählen viele Sorten von Blattsalat, Zucchini und zahlreiche Kürbisarten, aber auch Tomaten.

## Kleiner schmeckt besser

Zucchini wachsen besonders problemlos auf einem Hochbeet auf dem Balkon oder einem kleinen Hügelbeet im Garten. Wichtig bei dieser Gemüsepflanze: Du solltest nicht zu lange mit der Ernte warten. Zucchini können sehr groß werden, verlieren dann aber an Geschmack. Klein und mittelgroß schmecken sie am besten. Lass sie also nur immer weiterwachsen, wenn du einen Rekord aufstellen oder den ersten Preis bei »Die dickste Zucchini im ganzen Viertel« gewinnen möchtest.

## Spezialwissen gefragt!

Manche Pflanzen erfordern Spezialwissen: **Tomaten** zum Beispiel mögen es warm und feucht, reagieren aber ausgesprochen empfindlich auf Nässe von oben. Sie wachsen am besten auf feuchter Erde, aber Regentropfen sollten sie nicht erreichen. Ein ausgesprochen leckeres, ein bisschen in Vergessenheit geratenes Gemüse ist **Mangold**. Blätter und Stängel sind unterschiedlich in Geschmack und Konsistenz, und die ganze Pflanze ist ein farbliches Ereignis auf dem Teller – ein richtiges lukullisches Abenteuer.

### Ein einfaches Hügelbeet anlegen

Ein Hügelbeet ist eine wunderbare Art, in einem kleinen Garten, wie ihn deine Villa Glück vielleicht hat, etwas Gesundes und Essbares anzubauen. Such dir ein Stück Wiese aus, auf dem du das Beet anlegen willst, und gehe wie folgt vor:

### Das Beet aufschichten: So geht's!

- Hebe die Grasschicht ab, und grabe etwa 25 Zentimeter tief.
- Die **erste Schicht** besteht aus **kleinen Ästen** und Zweigen und sollte ungefähr 15 Zentimeter hoch sein.
- Für die **zweite Schicht** verteilst du die kleingehackten **Grasstücke**, die du zuvor abgehoben hast. Mit Grasschnitt oder Stroh füllst du diese Schicht auf circa 10 Zentimeter.
- Die **dritte Schicht** besteht aus **feuchtem Laub**, das es im Herbst in Hülle und Fülle gibt, und sollte circa 20 Zentimeter dick sein.
- Darüber folgt mit 15 Zentimetern **halbreifen Komposts** die **vierte Schicht**. Obenauf noch 15 Zentimeter Gartenerde als letzte Schicht – voilà! Fertig ist das Hügelbeet.
- Achte beim Schichten darauf, dass es nicht zu steil wird, sonst rutscht alles ab. In den ersten zwei Jahren wachsen hier besonders **Tomaten**, **Gurken**, **Zucchini** oder ein paar schöne **Kürbisse**. Sie profitieren besonders vom gut gedüngten Boden. Übrigens, das Hügelbeet ist der Vorläufer des heute beliebten Hochbeets.

# 75. GENIESS DIE WOLKEN-SHOW AM HIMMEL

Bilderbuchwolken, Schäfchen, Elefanten und die wildesten Sagenfiguren: Lege dich auf eine Decke oder in deinen Liegestuhl, schau nach oben, und schalte dein Gehirn ab – bis auf den Teil, der für die bildliche Fantasie zuständig ist. Beste Unterhaltung unter freiem Himmel! Du könntest dir auch die Frage stellen, was eine Wolke wohl wiegt, federleicht, wie sie da über dir schwebt. Ein Kubikmeter Wolke enthält ungefähr ein Gramm Wasserdampf – nicht viel, aber Wolken sind ziemlich groß. Da kann es schon mal sein, das volle hundert Tonnen Wasser über deinem Kopf schweben …

## Diese Wolkenarten gibt es

Cirrus: So heißen Federwolken, hohe Eiswolken.

Cirrocumulus sind die kleinen, weißen Schäfchenwolken in großer Höhe.

Cirrostratus: Diese Schleierwolken schweben zwischen 5 und 13 Kilometern hoch.

Altocumulus nennt man die großen Schäfchenwolken in mittlerer Höhe.

Altostratus sind mittelhohe, weißgraue Schichtwolken.

Stratocumulus stehen tief und bringen manchmal Regen.

Stratus-Wolken bringen dagegen Schnee oder Sprühregen.

**Cumulus** sind weiße Quellwolken, die sich hoch auftürmen.

**Nimbostratus** nennt man die typischen grauen Regenwolken.

**Cumulonimbus**, die Gewittertürme, erstrecken sich über mehrere Bereiche und können Regen, Hagel oder Schnee bringen.

### Versteckte Botschaften

Nachdem du nun weißt, welche Wolkenarten es gibt, ist es an der Zeit, den Zeichenstift herauszuholen und auf Entdeckungsreise zu gehen. Schau in den Himmel, und bringe aufs Papier, was du siehst. Vielleicht findest du in der Zeichnung sogar eine versteckte Botschaft. Siehst du den Eifelturm? Dann möchtest du vielleicht mal wieder nach Paris reisen. Du hast eine Katze gezeichnet? Überlegst du etwa, dir ein Haustier für die Villa Glück zuzulegen? Denk gut nach. Und zieh keine voreiligen Schlüsse.

# 76. LAUFEN UND SPRINGEN WIE EIN KIND

Was für ein Abenteuer: ein Sportgerät deiner Kindheit neu erleben! Irgendwo in einer Kiste oder Kammer der Villa Glück wirst du sicher auf einen Teil deiner Vergangenheit stoßen, der dir auf besonders bewegte Weise Freude macht: die aktiven Spielzeuge deiner Kindheit und Jugend.

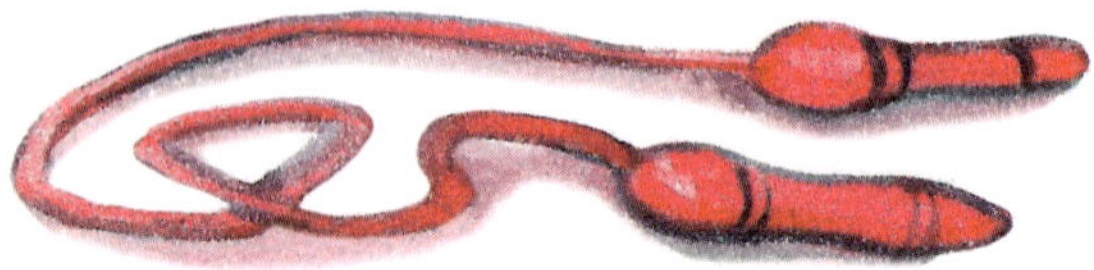

## Geht es noch?

Getan haben wir es alle: Federball gespielt, den Hula-Hoop-Reifen kreisen lassen, uns gegenseitig die Frisbee-Scheibe zugeworfen. Rollschuhe rollen noch immer wie von selbst unter deinen Füßen, nur der Tretroller ist etwas klein geworden. Probiere aus, was noch geht – vielleicht führen dich die Sportgeräte vergangener Tage zu einer neuen zeitgemäßen Bewegungskultur. Vielleicht kannst du auch deine Familie und deine Freunde und Bekannten für mehr Action begeistern.

## Das solltest du mal testen!

Du zählst zur jungen Generation? Probiere aus, womit sich deine Eltern und Großeltern fit gehalten haben. Du wirst staunen, wie anstrengend manche der Übungen sind und wie viel Spaß es macht, sie zu benutzen. **Gummitwist** zum Beispiel war in den Achtzigerjahren der Hit auf dem Pausenhof oder in der Freizeit. Geübt wurden Tricks und besondere Sprünge – ein perfektes Ausdauertraining für alle Muskeln.

### Das beliebteste Hüpfspiel

Nur mit einem Stein und etwas Kreide kamen die Kinder bei Hinkelkästchen aus. Manche kennen das Hüpfspiel vielleicht auch unter dem Namen **Himmel und Hölle**. Die einfachste Variante geht so: Es wird ein Spielmuster mit zehn Feldern auf den Boden gemalt, nummeriert von 1 bis 10. Dann nimmt man einen kleinen Stein und wirft ihn auf das erste Feld. Bleibt der Stein auf der 1 liegen, gilt es, die restlichen Nummern hoch und wieder herunter zu hüpfen, ohne dabei mit den Füßen die Linien zu übertreten oder ein Feld auszulassen. Bei der 1 angekommen nimmt man den Stein auf und springt über das verbotene Feld an den Anfang zurück. Anschließend wirft man den Stein ins zweite Feld und hüpft wieder los. Macht man einen Fehler, verfehlt der Stein etwa das anvisierte Feld oder tritt man beim Hüpfen auf eine Linie, ist der Nächste dran.

# 77. VOM GLÜCK, VÖGEL ZU BEOBACHTEN

Sie sind immer und überall um dich herum, sie singen dich am Abend in den Schlaf, und sie wecken dich am Morgen mit ihren melodiösen Stimmen – die Vögel rund um die Villa Glück. Wenn du genau wissen willst, wer dich da musikalisch unterhält, hol dir ein Vogelbestimmungsbuch aus der Bibliothek (da gibt es wunderbare alte Bände) oder nutze dein Smartphone zur Bestimmung der Vögel. Besondere Apps, die auf gut recherchierte Datenbanken zurückgreifen, können dich dabei unterstützen. Eine spannende und unterhaltende Beschäftigung.

Wenn du magst, kannst du auch dem Naturschutz dienen, indem du die von dir ermittelten Daten an die richtigen Stellen übermittelst. Den Singvögeln geht es nicht gut, was auch mit dem Verschwinden der Insekten zusammenhängt, und sie können jede Form der Unterstützung brauchen.

## Den Vögeln helfen

Es wird dich sicher glücklich machen, wenn du die Vögel in deinem Garten vor einem besonderen Problem bewahren kannst: Fensterscheiben. Die Fenster in unseren Häusern werden immer größer, und Gardinen sind aus der Mode gekommen. Viele tausend Vögel büßen jedes Jahr ihr Leben ein, weil sie gegen Fensterscheiben fliegen, die nicht Teil ihrer natürlichen Umgebung sind und die sie nicht sehen können. Abhilfe schaffen Aufkleber auf dem Glas – sehr oft werden Raubvogelsilhouetten verwendet – oder eben eine Gardine.

## Die Bucketlist Gartenvögel

Die Vögel auf der unten stehenden Liste kommen in deutschen Gärten besonders oft vor. Welchen kennst du? Und schaffst du es, jeden von ihnen einmal in deinem Garten, im Stadtpark oder auf deinem Balkon persönlich zu treffen?

- ☐ Haussperling
- ☐ Felssperling
- ☐ Star
- ☐ Kohlmeise
- ☐ Blaumeise
- ☐ Buchfink
- ☐ Rotkehlchen
- ☐ Goldammer
- ☐ Grünfink
- ☐ Eichelhäher
- ☐ Buntspecht/Grünspecht
- ☐ Stieglitz
- ☐ Kleiber
- ☐ Dompfaff
- ☐ Amsel
- ☐ Singdrossel
- ☐ Nachtigall
- ☐ Zaunkönig

## Notiere deine Beobachtungen

---

---

---

---

---

---

---

**Hilfe:** Manche der hier aufgezählten Vögel wirst du schon kennen und identifizieren können. Solche, die dir unbekannt sind, findest du im Netz, zum Beispiel bei der Singvogeluhr des NABU.

# 78. EIN ABEND MIT STOCKBROT

Ein lauer Sommerabend, ein kleines Feuer, um das du mit deinen Freunden und Freundinnen sitzt, und vielleicht holt sogar jemand die Gitarre heraus, um ein paar Lieder anzustimmen. So sieht ein Juli-Abend im Garten der Villa Glück aus. Da fehlt nur noch was Leckeres zu essen. Zum Beispiel dieses knusprige Brot am Stock. Vermutlich hat das jeder in seiner Kindheit einmal ausprobiert – ein dickes Stück Brot aus einem einfachen Teig über offenem Feuer zu rösten, das erste Lebensmittel, das man sich selbst zubereitet hat. Und es schmeckte so großartig – wie es leider nie wieder schmecken wird … Aber man kann es ja mal versuchen.

### Die Zutaten für den Teig

400 g **Mehl**, 1 Packung **Trockenhefe** (oder ein halber Würfel frische Hefe), 2 TL **Salz**, 1 TL **Zucker**, 2 bis 3 EL **Olivenöl**, 200 ml lauwarmes **Wasser**, etwas Mehl zum besseren Kneten

### Zubereitung des Teigs

Die Hefe zerbröseln, mit dem Zucker und 2 EL lauwarmem Wasser verrühren. Das Mehl mit der Hefe, Salz und dem restlichen Wasser in einer Schüssel zu einem glatten Teig verkneten. Die Schüssel mit einem angefeuchteten Tuch abdecken, eine Stunde gehen lassen. Den Teig noch einmal durchkneten, dann in gleich große Stücke teilen. Diese Portion ausrollen und um einen Stock wickeln. Später über das Feuer halten, bis das Brot von allen Seiten gleichmäßig braun ist.

### Passende Stöcke

Zum Grillen geeignete Äste bestehen aus Haselnussholz, Weidenruten oder Buche. Sind solche Stöcke einmal da, dann lassen sich darauf auch Marshmallows, Maiskolben oder kleine Bratwürstchen über dem Feuer zubereiten.

### Leckere Beilagen zum Dippen

Alles in Butter! Eine gute Möglichkeit, das Stockbrot zu verfeinern, ist eine Gewürzbutter. Das Grundrezept: Butter in der gewünschten Menge in einem kleinen Topf im Wasserbad oder ein paar Sekunden bei mittlerer Leistung in der Mikrowelle schmelzen. Nun wird das Aroma zugegeben. Vermische die verflüssigte Butter mit dem jeweils gewünschten »Geschmacksverstärker«:

**Knoblauchbutter:** 125 g Butter mit einer fein gehackten Knoblauchzehe, etwas Zitronensaft und Salz verrühren.

**Tomaten-Chili-Butter:** 125 g Butter mit 50 g Tomatenmark oder getrockneten Tomaten, einer halben fein gehackten Knoblauchzehe, etwas Rosmarin, Pfeffer, Salz und Chilipulver nach gewünschtem Schärfegrad anreichern.

Das Butter-Gewürz-Gemisch in kleine Töpfchen abfüllen und abkühlen lassen. Zum Stockbrot servieren! Etwas weniger Kalorien hat diese Variante:

**Feta-Dip:** 500 g Naturjoghurt mit 200 g zerbröseltem Feta-Käse, einer fein gehackten Knoblauchzehe sowie etwas Chilipulver, Pfeffer und Salz vermischen.

# 79. KLEINE SOMMERFESTE

Kleine Sommerfeste unterscheiden sich von großen dadurch, dass sie sich während der Sommermonate überall unter jedem Blatt verstecken. Man braucht das betreffende Blatt nur umzudrehen oder an einer Blüte zu riechen, und schon hat man Ideen für ein kleines Sommerfest. Selbst gemachte Limonade, kühles Bier mit einer Scheibe Zitrone, Eiswürfel, frisch gebackenes Brot, eine selbst geangelte Forelle oder Delikatessen vom Grill eignen sich als Zentrum für das Fest. Dabei ist, wer gerade da ist oder spontan vorbeikommen mag.

## Wie die Motten das Licht

Feuer und Licht locken seit Jahrtausenden nicht nur Insekten an, sondern auch Menschen. Vielleicht wird eine Feuerschale oder ein Feuerkorb zum Mittelpunkt deines kleinen Sommerfestes oder eine Fackel. Die meisten Menschen erfüllt es mit Freude, den Flammen zuzusehen, und sie werden still und nachdenklich, wenn sie am Ende in die Glut der erlöschenden Flammen schauen können. Nicht nur in der Villa Glück dauern solche feurigen Feste, die in der Dämmerung beginnen, manchmal bis tief in eine Sommernacht hinein. An kaum einem anderen Ort als an einem Feuer und zu keiner anderen Zeit als an einem Sommerabend wird zudem so spontan Musik gemacht. Die beliebte Gitarre ist nur eines von möglichen Instrumenten, Bongos und sogar Blockflöten eignen sich für ein Konzert mit deinen Freunden ebenfalls sehr gut.

## Mittsommernachtswende: eine Feier wie in Schweden

Der Sommeranfang ist der längste Tag im Sommer – früher geht die Sonne an keinem einzigen Tag des Jahres auf. Nördlich des Polarkreises geht sie noch nicht einmal unter. Grund genug für die Schweden, das Mittsommernachtsfest zu feiern. Mach es ihnen nach und veranstalte ein Fest anlässlich dieses Tages.

**Tanzen:** Rund um eine mit Blättern und Blumen geschmückte Mittsommerstange wird getanzt und gesungen – für dich wäre es einmal ein Anfang, eine solche geschmückte Stange aufzustellen.

**Essen:** Auch ein paar Gerichte und Getränke vom Menü des Mittsommernachtsfestes kannst du übernehmen. Auf der Speisekarte stehen Kartoffeln mit Hering in einer mit Schnittlauch gewürzten Sauce aus Sauerrahm, dazu reicht man Knäckebrot und Käse. Zum Nachtisch werden frisch geerntete Erdbeeren mit Sahne gereicht.

**Getränke:** Während des Essens wird im hohen Norden immer wieder Bier und Schnaps ausgeschenkt. Dazu singt man deftige Trinklieder. In der Villa Glück ist nicht zwingend ein hoher Alkoholspiegel nötig – du kannst auch mit Mineralwasser und Traubensaft die Magie der kürzesten Nacht feiern.

**Zauber:** Unverheiratete junge Mädchen pflücken in der Mittsommernacht sieben Blumen von sieben Wiesen und legen sie unter ihr Kopfkissen. Angeblich träumen sie dann von dem Mann, den sie später einmal heiraten werden.

# 80. RETTE ALTE APFELBÄUME

Tu etwas für den Bestand wertvoller alter Apfelbaumarten, und pflanze einen solchen Baum in deinem eigenen Garten an. Oder kaufe den Bauern auf dem Wochenmarkt ein paar Äpfel einer alten Sorte ab, damit sie ihren Baumbestand erhalten und erweitern können. Äpfel der Sorten Berlepsch, Boskoop, Gravensteiner oder Prinz Albrecht von Preußen werden dir sicher schmecken. Schau auch an den übrigen Ständen vorbei, was noch an ausgefallenen Obstsorten zu haben ist. So geht nachhaltiges Obstessen!

## Das Alte Land

Du kannst auch deinen nächsten Urlaub in einem alten Apfelgarten buchen. Tatsächlich – das gibt es. Wie wäre es mit einer Reise Richtung Norden ins Alte Land südlich von Hamburg? Hier wird seit über 700 Jahren Obst angebaut – zwar auch nach modernen Methoden und mit neuen Sorten, aber so manche alte Apfelsorte ist dort noch zu finden, vielleicht im Obstgarten eines alten Gasthofes, der nur auf dich gewartet hat …

### Alte Apfelsorten

Hurra, sie werden gerettet! Baumschulen bieten mittlerweile eine Vielzahl von alten Apfelsorten an, für die es lange Zeit nicht so gut aussah. Die Supermarkt-Äpfel (Granny Smith, Cox Orange, Golden Delicious) drohten, sie zu verdrängen. Für manche Sorten kannst du heute wieder junge Bäume kaufen, sie pflanzen und dann bald in Aussehen und Geschmack ganz besondere Äpfel ernten.

### Welcher nostalgische Apfel passt zu dir?

Die Goldparmäne entstand um das Jahr 1510, wahrscheinlich in der Normandie. Diese Früchte schmecken würzig, haben aber mehlig-weiches Fruchtfleisch. Gravensteiner gibt es seit 1669, sie kennzeichnet ein ausgewogener Geschmack. Darüber hinaus haben sie einen appetitanregenden, intensiven Duft. Der Boskoop wird seit 1856 geerntet und gern in der Küche weiterverarbeitet. Aus dem säuerlichen Apfel entsteht Apfelkuchen oder Apfelmus. Weitere alte Apfelsorten heißen Dülmener Rosenapfel, Weißer Klarapfel, Ontario, Martini oder Jonathan. Informiere dich, und suche dir deinen passenden Apfel heraus.

### Eine Frucht und ihre Möglichkeiten

Du kannst Äpfel frisch vom Baum essen, sie im Backofen zum Bratapfel verwandeln, Apfelmus daraus kochen oder einen Apfelkuchen backen. Vielleicht willst du aber auch mal eben einen Apfelauflauf mit Vanillesauce herbeizaubern? Voilà:

### Rezept für einen schnellen Apfelauflauf

500 Gramm **Äpfel** schälen, in Scheiben schneiden. 2 **Eier** mit 125 Gramm **Zucker** schaumig schlagen und ein Päckchen **Vanillinzucker** hinzugeben. Das Gemisch zusammen mit 125 Gramm **Weizenmehl** und zwei gestrichenen TL **Backpulver** zu einem Teig verarbeiten. Abwechselnd eine Lage Teig und eine Lage Apfelscheiben in eine Auflaufform schichten, die oberste Schicht sollte Teig sein. In den vorgeheizten Backofen stellen, etwa 25 bis 30 Minuten bei 180 Grad Celsius backen. Mit **Vanillesoße** noch warm servieren.

BAR

# Das Stadtviertel

Das Glück ist nicht nur in den eigenen vier Wänden zu finden, wie erfahrene Glücksritter wissen. Erweitere deinen Erfahrungsraum, und erforsche das echte oder virtuelle Viertel, in dem deine Villa Glück liegt. Suche dir ein Lieblingscafé, besuche Parkanlagen mit bunten Spielplätzen für die Kinder oder Treffpunkte für Erwachsene, und nimm an einer Stadtführung teil, die dich in die Vergangenheit steinerner Schönheiten führt. Auf den nächsten Seiten findest du viele spannende Vorschläge.

# 81. FLANIERE DURCH DEINE STADT

Ist dir klar, dass man eigentlich immer ganz genau weiß, wo im Film seines Lebens man sich gerade befindet, welche Menschen gerade in der Nähe sind und was man zu erwarten hat? Deshalb ist es ein besonderes Ereignis, wenn man diese Übersicht verliert – erschreckend, wenn man es nicht möchte, anregend und Zucker für die Neugier, wenn man es provoziert.

## Auf unbekanntem Terrain

Das Gefühl, nicht zu wissen, was dich hinter der nächsten Straßenecke erwartet, kann schon erregend und ein unterhaltsamer Nervenkitzel sein. In neuer Umgebung triffst du auch auf neue Menschen. Such dir den Ort für dein Experiment sorgfältig aus – es gibt auch Gegenden, die du besser nicht erkunden solltest. Der Vorteil einer solchen Art von Stadterkundung: Alles, was du auf einem solchen Spaziergang, der eigentlich eine Expedition ist, zum ersten Mal wahrnimmst, prägt sich in besonders intensiver Art und Weise ein. Wenn alles läuft, wie es laufen sollte – oder besser gesagt, wenn du den richtigen Rhythmus findest, hast du eine neue Form der Meditation für dich entdeckt, das bewusste Gehen. Zudem lernst du die Stadt kennen – nachher erinnerst du dich weitaus intensiver an die Orte, an denen du gewesen bist. Du hast auf eine sinnliche Art deine geistige Topografie erweitert und dich um Fakten und Bilder bereichert, ohne dass du sie dir mühsam hättest anlesen müssen.

### Was hast du entdeckt?

Suche dir einen schönen sonnigen Tag aus, und spaziere durch dein Viertel, gehe auch neue Wege, und schau nach oben. Wie sehen die oberen Etagen der Häuser aus? Was deutet sich hinter einem Zaun an, und was für Menschen begegnen dir?

# 82. SCHÄTZE AUS DER VERGANGENHEIT

Etwas Neues zu entdecken ist eine vergnügliche Beschäftigung; noch besser allerdings ist es, wenn du etwas wiederentdeckst. Das könnte bei einem Bummel durch dein Stadtviertel ein Buch sein, das du vor vielen Jahren gelesen hast, oder eine Langspielplatte auf Vinyl, die du als Jugendliche schon einmal gekauft hast. Vielleicht findest du sie in einem Laden mit gebrauchten Büchern. Bei einem Trödler könntest du auch in einer Kiste mit alten Langspielplatten auf einen Schatz aus deiner Vergangenheit stoßen. Bei einer solchen Entdeckung gibt es zwei Vorgehensweisen: Entweder suchst du gezielt danach, indem du von vornherein festlegst, welchen möglichen Fundstellen du einen Besuch abstatten willst, oder du freust dich über einen Zufallsfund.

## Besondere Bücher im Antiquariat

Das älteste Buch der Welt, das Diamant-Sutra aus China, circa 1145 Jahre alt, wirst du im Antiquariat an der Ecke nicht kaufen können, aber auch Bücher aus dem letzten und vorletzten Jahrhundert werden dort angeboten. Viele Sammelgebiete tun sich auf: Kochbücher, kunstvoll gestaltete Werke über Pflanzen und Tiere, beeindruckende historische Reiseberichte, Hausbücher, alte Kinderbücher – vielleicht findest du auch das eine oder andere Bilderbuch, das in deinem Kinderzimmer gelegen hat. Die Preise für Bücher im Antiquariat halten sich meist im Rahmen. Verblüffend, für wie wenig Geld du deinen Anteil an den Kulturleistungen der Menschheit erwerben kannst. Schau einfach nach unter www.zvab.com

### Die Orte deiner Kindheit

In der Villa Glück sind besondere Reisen möglich, bei denen du dich durch Raum und Zeit bewegst. Mach es dir auf deinem Lieblingssessel oder deinem Sofa bequem, und mach dich auf den Weg ins Viertel deiner Kindheit. Dort angekommen wählst du das Verkehrsmittel, das dir auch als Kind das liebste war: Skateboard oder Fahrrad, Inliner oder Tretroller. Vielleicht bist du auch einfach zu Fuß unterwegs. In jedem Fall bist du ein Tourist in deiner eigenen Vergangenheit, denn du willst die Lebensmittelpunkte deiner Kindheit besuchen:

Schau doch mal beim **Kindergarten** vorbei. Wie klein das heute alles aussieht … Dein **Lieblings-Spielplatz**: Steht das Klettergerüst noch, das aussieht wie ein Elefant? … Gleich nebenan deine **Grundschule**. Ob da der Hausmeister mit den buschigen Augenbrauen noch arbeitet, vor dem du immer Angst hattest? Wie alt müsste der jetzt sein? … Jetzt bist du an deinem **Elternhaus** angekommen, indem du deine ersten Jahre verbracht hast. Und da, im **Garten deiner Nachbarn** bellt immer noch dieser schwarz-weiße lustige Hund. Ein paar Schritte weiter und du stehst vor dem **Kiosk**, an dem du im Sommer immer dein Flutschfinger-Eis gekauft hast. Und gleich daneben steht der **Baum**, von dem du bei den ersten Kletterversuchen heruntergefallen bist, in dessen Krone du aber später mit deinen besten Freunden und Opa ein **Baumhaus** gebaut hast.

Was für eine großartige Reise! Wenn du jetzt Lust bekommen hast, sie tatsächlich zu machen: Schau doch mal im Internet nach, wie oft der Zug in der Stadt deiner Kindheit hält.

# 83. FOTOTOUR DURCH DEIN VIERTEL

Du brauchst nicht unbedingt eine neue Kamera, auch dein Smartphone liefert dir großartige Fotos. Was du für eine erfolgreiche Fotosafari benötigst, sind neue Augen, und die bekommst du nur, wenn du deine Umgebung auf neue Weise betrachtest. Wenn du in deinem vertrauten Viertel bleiben willst: Erweitere deinen Radius über das Bekannte hinaus. Beginne deine Reise dort, wo du noch nie oder nur selten gewesen bist, in einer Straße, in die du bisher noch keinen Fuß gesetzt hast.

## Besuche eine neue Stadt!

Erfinde das Spielfeld deiner Vergangenheit komplett neu – fahre in die nächste Stadt, und fotografiere ein neues Städtebild. Dein Wohnhaus, deine Schule, dein Stadtpark und der Rathausplatz? Nein, das waren sie nicht, aber sie könnten es gewesen sein … Du wirst über deine Bilder staunen, denn man sieht anders, wenn man etwas zum ersten Mal betrachtet. Ein zweiter, keineswegs unwichtiger Teil deiner Jagd nach Bildern ist die Sichtung der Beute zu Hause am Computer. Natürlich kannst du die Ausbeute deiner Safari für ein Fotobuch oder einen Kalender nutzen. Es gibt viel zu verschenken!

### Beachte das Licht

Mach deine Foto-Tour zu ungewöhnlicher Stunde. Morgens, wenn die Sonne aufgeht. Oder abends, wenn die Stadt in ein schummriges Dämmerlicht getaucht ist und der Horizont sich langsam rot einfärbt.

### Analoge Fotografie für Anfänger

Du findest Fotos mit einem gewissen Retro-Touch ansprechend? Dann könntest du selbst solche machen. Es kommt dabei nur auf das richtige Werkzeug an. Statt mit einer neuen Digitalkamera nimmst du deine Motive mit einer alten Analogkamera aufs Korn. Vielleicht hat sich noch eine aus deiner eigenen Vergangenheit in die Villa Glück gerettet oder du schaust im Schrank bei Tante Josephine nach. Von Agfa Clack bis Rolleiflex – das sind gute Kameras aus vergangenen Tagen. Filmmaterial bekommt man noch relativ einfach, bei der Entwicklung der Fotoabzüge hilft mancher Drogeriemarkt oder das Internet.

### Warten auf den perfekten Augenblick

Informiere dich über das Gebiet der analogen Fotografie, entscheide dich für eine Kamera und leg los. Das Besondere an der Analog-Fotografie: Du musst dir Zeit lassen, genau beobachten und den richtigen Moment erkennen. Viele Versuche, das perfekte Foto zu schießen, hast du nicht. Wenn du auf dein Gefühl vertraust und deinen persönlichen Geschmack, wird der Augenblick kommen. Klebe hier dein Lieblingsbild ein:

# 84. HAST DU EIN LIEBLINGSCAFÉ?

Ob du in Wirklichkeit eines hast, weißt du selbst, aber hier in der Villa Glück ist es nur ein paar Schritte von deinem Haus entfernt. Setz dich also in dein Lieblingscafé – mit oder ohne ein neues Buch – und schaue dir die Leute an, die vorübergehen oder an den Nebentischen sitzen. Vorsicht, etwas Diskretion bitte. Stelle dir zu allen dieselbe Frage: Was tut dieser Mensch wohl beruflich? Es macht Spaß, darüber nachzudenken, aber noch unterhaltsamer wird diese Beschäftigung, wenn du dich nach einer Weile traust, bei den Objekten deiner Beobachtungen einmal nachzufragen.

## Komm ins Gespräch!

Bei einem gewöhnlichen Kommunikationsablauf entwickelt sich dann schnell ein angenehmes Gespräch – es sei denn, du wärst auf einen unleidlichen Zeitgenossen gestoßen. Bleibe freundlich, lass dich nicht auf die Palme bringen, auch wenn dein Gegenüber sich nicht gerade als zugänglich erweist. Geh besonders einfühlsam vor, vermeide flotte Sprüche, die wie eingeübt wirken, sonst wird dich dein potenzieller Gesprächspartner oder deine Gesprächspartnerin schnell in die Ecke billige Anmache einordnen.

### Kuchen und andere Leckereien

Einfach fremde Menschen anzusprechen ist nichts für dich? Du genießt lieber und schweigst? In der Villa Glück ist zwar alles erlaubt, aber nichts verpflichtend. Dann versüße dir deine Beobachtungen doch einfach durch ein köstliches Stück Kuchen und eine hausgemachte Sommerlimonade.

## Menschen und ihre Geschichten

Schau dir den Mann an, der am Fenster des Cafés vorbeiläuft. Lebt er allein oder hat er eine Familie? Wohin ging sein letzter Urlaub, und was ist sein Lieblingsgericht? Oder die Frau, die an der Theke darauf wartet, ihre Bestellung abzugeben, macht sie gerade Mittagspause? In welchem Beruf arbeitet sie wohl? Und treibt sie eine verrückte Sportart? Notiere dir deine Gedanken oder erfinde lustige Geschichten.

# 85. DIE POMMESBUDE UM DIE ECKE

Zu MacSoundso findet irgendwann jeder – aber gibt es die Pommesbude noch, die ihr abends nach dem Besuch in der Disco heimgesucht habt, mit ungeheuer duftenden, fettigen und wohlschmeckenden Pommes frites und einer Mayonnaise, wie ihr sie nirgendwo wiederentdecken konntet? Leider geschlossen? Dann such doch einen anderen der neuzeitlichen Tempel nostalgischer Esskultur auf, sozusagen ein Heimatmuseum ungesunder Ernährung. Die Produkte aus der Fritteuse schmecken überall ähnlich, aber das Ambiente spielt eine Rolle. Die geschmackvoll gemusterte Resopaldecke und der Kaffee aus der knallbunten Warmhaltekanne gehören einfach dazu.

## Pommes frites belgisch – die Soßen sind das Beste

Unternimm eine Ausflugsfahrt in eines unserer Nachbarländer, die bekannt für ekelhafte und ungemein beliebte kleine lukullische Sauereien sind. Pommes frites aus frischen Kartoffeln, 24 unterschiedliche Soßen, eine wohlschmeckender als die andere. Ja, auch du bist für gesundes Essen, aber das kann man doch auch morgen noch machen …

### Pommes frites à la Villa Glück

Gesünder, weil weniger fettig als Pommes frites aus der Fritteuse sind die selbst gemachten aus dem Backofen. Man braucht nichts weiter als ein Kilo Kartoffeln (das reicht für vier Personen), etwas Sonnenblumen- oder Olivenöl, Salz und – ganz nach Geschmack – andere Gewürze oder Kräuter.

### Bitte einmal kräftig schütteln

Die Kartoffeln waschen, schälen und in dünne Stifte schneiden. Wenn die einzelnen Stücke zu dick sind, geht alles eher in Richtung Bratkartoffeln – hier kommt es auf die Feinheiten an. Es gilt die alte Pommes-Regel: je dünner, desto knuspriger. Die fertig geschnittenen Kartoffelstifte mit dem Öl und etwas Salz in eine verschließbare Schüssel oder in einen Gefrierbeutel geben und etwa eine Minute lang schütteln, als sollte ein Cocktail daraus werden. Auch Kräuter und Gewürze werden hier hinzugegeben und optimal verteilt.

### Jetzt wird es heiß!

Die Kartoffelstifte werden auf ein Backblech gelegt (Backpapier unterlegen) und bei 180 Grad Celsius ungefähr 20 bis 30 Minuten gebacken. Wie lange sie brauchen, hängt von der Art der Kartoffeln und von der Dicke der Stücke ab. Zwischendurch mal reinschauen und probieren! Bei etwas höherer Temperatur wird das Ergebnis knuspriger, brennt aber leicht an. Ganz können die Selbstgeschnitzten nicht mit den Pommes frites aus der Fritteuse mithalten. Sie schmecken ein bisschen anders, aber ähnlich gut und verwandeln sich vor allem nicht in viele Kilogramm Hüftgold – sind halt weniger fettig.

# 86. GEMÜSEGLÜCK AUF DEM WOCHENMARKT

Vielleicht hast du nicht mehr daran gedacht: Auf dem Wochenmarkt gibt es beglückendes Obst und Gemüse im Angebot. Nichts gegen die Supermärkte, ihr Sortiment ist besser geworden. Nur eine Sorte Äpfel – das war gestern. Nicht alltägliche Gemüsesorten sind aber noch immer selten, denn welcher Ladeninhaber will abends wegwerfen, was sich nicht verkauft hat? Auf dem Wochenmarkt sieht das anders aus – hier finden auch Schwarzwurzeln, eine Kartoffel namens Bamberger Hörnchen, Mairüben, Stielmus, Schwarzkohl oder Butterkohl ihre Käufer. Dazu noch besondere Obstsorten, vielfältig, wie sie nur regionale Erzeuger anbieten können. Schau einmal nach, was dein Wochenmarkt zu bieten hat! Am besten mit dem Fahrrad – keine Parkplatzprobleme, und du wirst staunen, was alles in deine Packtaschen passt. CO2-neutral schmeckt es noch besser.

## Regional, saisonal, nachhaltig: Superfood von nebenan

Nein, die Villa Glück hat keinen eigenen Marktplatz und auch keinen Bioladen. Aber sie ist der ideale Ort, um sich über gesunde Ernährung und die dazu perfekten Lebensmittel Gedanken zu machen. Ein aktuelles Thema: Exotische Superfoods sind reich an wertvollen Nährstoffen wie Vitaminen, Spurenelementen und Omega-3-Fettsäuren. Außerdem liegen sie voll im Trend – und das, obwohl sie extrem teuer sind. Auch für die Umwelt sind sie alles andere als günstig: lange Transportwege, ein nicht nachhaltiger Anbau. Oft gehen die Vitamine unterwegs auch schon verloren. Dabei gibt es für die meisten Super-Exoten regionale und ökologisch optimalere Alternativen:

### Regionale Konkurrenz für modernes Superfood

Die beliebten **Chia-Samen** werden in mancher Hinsicht von Leinsamen sogar übertroffen. Die Konzentration an Omega-3-Fettsäuren ist im heimischen Produkt höher. Antioxidantien wie Vitamin C liefern Äpfel, Tomaten, Hagebutten und Sanddorn.

**Goji-Beeren** werden oft importiert und legen lange Wege bis zu uns zurück. Dabei sind sie auch die Früchte einer heimischen Pflanze. Als rote Wolfsbeeren wachsen sie am Bockshornstrauch. Man kann diesen Strauch sogar im eigenen Garten anbauen.

Der **Granatapfel** gilt als Superfood, weil er große Mengen an Antioxidantien und die Spurenelemente Kalium, Calcium und Eisen in hoher Konzentration enthält. Kalium liefern Kartoffeln, Himbeeren, Johannisbeeren, Blumenkohl, Brokkoli, Löwenzahn und Rhabarber. Kalzium findet sich in Grünkohl, Rauke und Kresse. Eisen kann der Körper aus Linsen, weißen Bohnen und Brennnesseln beziehen. All diese Spurenelemente zusammen finden sich in Giersch, einer wuchernden Grünpflanze, die als Lebensmittel oft ungenutzt bleibt (siehe Seite 167).

Menschen mit Glutenunverträglichkeit verwenden oft **Quinoa**, den sogenannten Inkareis, der kein Gluten enthält. Ersetze dieses weit gereiste Pseudogetreide durch heimischen Buchweizen.

Für die wegen ihrer schlechten Umweltbilanz fragwürdig gewordene **Avocado** bieten sich zahlreiche nachhaltige Alternativen an: Nüsse, Esskastanien, Oliven, Kidneybohnen, Leinsamen, Erbsen und Brokkoli, um nur einige zu nennen.

Ein ähnlich hoher Vitamin-A-Gehalt wie in **Papaya** steckt auch in Karotten, Frühlingszwiebeln, Grünkohl und Spinat. Nicht-Vegetarier oder -veganer nehmen ohnehin genug des Vitamins durch Fleisch, vor allem aus der Leber, und Milchprodukte zu sich.

# 87. LAUFEN: GÖNN DEINEM KÖRPER SEINE RUNDEN …

Laufen gehört zu den Tätigkeiten, für die unser Körper gebaut ist. Es benötigt keine Sachkenntnis und keine sonderliche Übung: Wenn du deine Strecke gelaufen bist, geht es dir einfach besser. Manchen Menschen genügt eine kurze Distanz, andere brauchen ein paar Runden, um sich den Stress und die Anspannung aus den Muskeln zu schütteln. Wenn du ein solcher Mensch bist: Gönn deinem Körper seine Runden, und lass nachher deine Seele ausgiebig von der Parkbank baumeln.

## Zusammen macht es mehr Spaß

Schließ dich mit Freunden oder Bekannten zu einer Laufgemeinschaft zusammen. Zusammen macht es einfach mehr Spaß. Und wenn man dann verabredet ist, hat man keine Ausreden, mal wieder einen Termin ausfallen zu lassen. Von besonderer Qualität sind auch die gemeinsamen Erholungsphasen – die verlorenen Mineralien müssen nachgefüllt werden …

### Der perfekte Laufpartner

Besonders gern begleitet dich ein Freund auf vier Pfoten. Allerdings wird er nicht so schnell müde wie du, und du musst dich ganz schön anstrengen, um ihm folgen zu können, sehr positiv für deinen Trainingserfolg. Der Hund unterstützt dich auch bei jedem Wetter – im

Stadtpark leider nur an der Leine. Außerdem lernen Hundebesitzer meist die nettesten Mitmenschen kennen.

### Ein Jogger-Traum: New York

Es ist zugleich ein Traum und ein lohnendes Ziel: Möchtest du durch Manhattan laufen, vorbei am Empire State Building? Wirf einen Blick auf den Stadtplan von New York, und mach dir Gedanken über deine Laufroute …

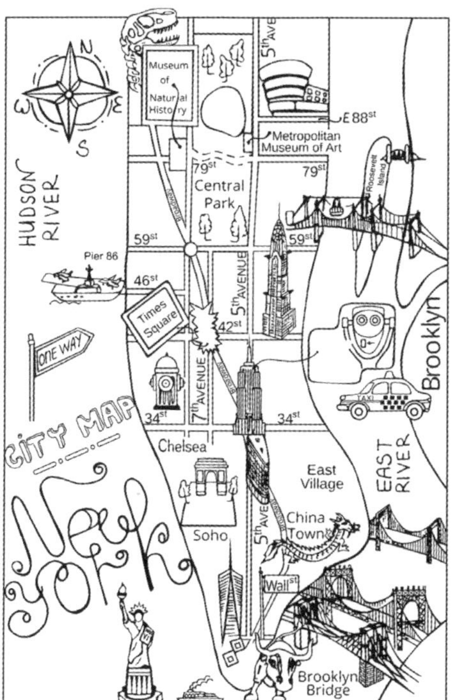


### Wo geht es lang?

Über den Times Square, zwischen Shops, Studios, Restaurants und Leuchtreklamen? Am Broadway hast du die Chance, ein paar Schritte mit einem Star zu machen – ach nein, das wohl nicht. Wenn schon, dann Central Park, den du dir mit anderen Joggern, Radfahrern, Spaziergängern und Selbstdarstellern teilen musst. Oder du wählst die faule Alternative zum Joggen: Es wird auch eine Elektroroller-Tour durch den Central Park angeboten …

# 88. KULINARISCHE ENTDECKUNGSREISEN

Geh doch mal fremd – Luigi an der Ecke oder Achmed, der König der Dönerspieße, können auch mal auf dich verzichten. Und wenn du schon dabei bist: Suche dir nicht nur ein neues Restaurant, sondern zur Abwechslung auch einen neuen Freund oder eine neue Freundin, die dich auf deinen kulinarischen Expeditionen begleitet. Bleibt noch ein Problem: die Auswahl des Restaurants. Du weißt nicht, worauf du Hunger hast, dann schaue auf die nächste Seite. Wir haben einige Tipps für dich zusammengestellt. Oder ihr zieht einfach los.

## Woran erkennt man ein gutes Restaurant?

Nein, die Sternebewertungen müssen es nicht unbedingt sein. Sternerestaurants sind teuer und spielen damit in einer eigenen Liga. Hier findest du die Kriterien, die dir bei der Suche nach einem wirklich guten Restaurant-Erlebnis helfen. Der Standort: Wenn ein Restaurant trotz seiner versteckten, womöglich verkehrstechnisch ungünstigen Lage viel besucht ist, deutet das auf großartige Speise-Erlebnisse hin. Wie sieht es mit der Hygiene aus? Erste Informationen liefern die Schaukästen am Eingang: Sind sie sauber und gepflegt oder verschmutzt? Sind die Speisekarten darin aktuell? Schau dir im Lokal ein Wasserglas ganz genau an. Alles daran – vor allem der Rand – muss blitzsauber sein. Fingerabdrücke, Spuren von Fett oder Lippenstift bedeuten nichts Gutes. Bietet das Restaurant regionale Küche an? Das ist sehr gut, denn dann ist alles frisch. Das Personal sollte außerdem freundlich und zuvorkommend sein. Dann wirst du dich wohlfühlen.

### Die ganze Welt auf deinem Teller

Um andere Länder kennenzulernen, brauchst du deine Stadt gar nicht zu verlassen. Erste Eindrücke, Gespräche mit Einheimischen und vor allem Typisches aus der länderspezifischen Küche kannst du auch direkt vor deiner Haustür oder zumindest in der Nähe erhalten. Hier eine Liste von Restaurants, bei denen sich eine Einkehr lohnt. Besuche sie nach und nach, und notiere dir, welche Küche dir besonders gefallen hat und wohin du gern zurückkehren wirst.

| Küche | Noch mal! Warum? | Lieber nicht! Warum? |
| --- | --- | --- |
| ☐ Indisch | ________ | ________ |
| ☐ Italienisch | ________ | ________ |
| ☐ Japanisch | ________ | ________ |
| ☐ Vietnamesisch | ________ | ________ |
| ☐ Französisch | ________ | ________ |
| ☐ Thailändisch | ________ | ________ |
| ☐ Griechisch | ________ | ________ |
| ☐ Türkisch | ________ | ________ |
| ☐ American Diner | ________ | ________ |
| ☐ Chinesisch | ________ | ________ |
| ☐ Libanesisch | ________ | ________ |
| ☐ Russisch | ________ | ________ |
| ☐ Äthiopisch | ________ | ________ |
| ☐ Persisch | ________ | ________ |
| ☐ Spanisch | ________ | ________ |
| ☐ Deutsches Brauhaus | ________ | ________ |

# 89. GIPFELERLEBNISSE

Klettere auf den höchsten Punkt, den du in deinem Stadtviertel erreichen kannst und sieh dich um! Es könnte der Kirchturm sein oder das Hochhaus der Stadtverwaltung – egal! Wichtig sind Weitsicht und Übersicht. Nimm dir etwas Zeit und schau dich um. Es geht um die erhöhte Perspektive – so kannst du auf einfache Weise deine Existenz neu verorten.

Nein, das muss nicht unbedingt eine existenzielle philosophische Erfahrung sein. Es ist nur ein neuer Blick auf deine Wirklichkeit.

## Regeln für den Weg nach oben

Hier ein paar Anmerkungen, die dir helfen, entspannt und bei bester Gesundheit oben anzukommen.

- Geh dein **eigenes Tempo**, und lass dich nicht von anderen drängeln. Platz zum Überholen gibt es fast auf jeder Treppe.
- **Feste Schuhe** helfen auf engen Treppen und tragen dazu bei, die Füße und vor allem die Knöchel zu schonen.
- Treppensteigen macht Durst. Nimm eine **Flasche Wasser** mit, oben gibt es keinen Kiosk!
- Da oben gibt es auch **kein Klo**! Geh vorher, sonst kommt es hinterher zum Notabstieg!
- Entscheide dich unten: **Höhenangst** oder bis ganz nach oben? Du kannst zwar immer noch auf halbem Weg umdrehen, findest das aber möglicherweise ärgerlich.
- Viel Gepäck und **dicke Rucksäcke** erschweren den Aufstieg! Vielleicht gibt es irgendwo in der Nähe ein Schließfach …
- Vorsicht vor **Wendeltreppen**! Da ist schon manchem schwindlig geworden …

Zeichne hier, was du siehst

Bucketlist: Tourismus ganz oben

Wenn du Spaß am Treppensteigen gefunden hast: Es könnte sein, dass in Nachbarorten so mancher Kirchturm und manches Wohngebäude auf deine sportliche Betätigung warten. Leistungsstress solltest du allerdings vermeiden. Völlig aus der Puste macht auch die schönste Aussicht keinen wirklichen Spaß. Schau die folgende Liste durch und hake ab, welche Gipfel du ersteigen willst:

• Burj Khalifa, Dubai – 2900 Stufen • CN Tower, Toronto – 2570 Stufen • Empire State Building, New York – 1576 Stufen • Ulmer Münster – 768 Stufen • Kölner Dom – 533 Stufen • Völkerschlacht Denkmal, Leipzig – 500 Stufen • Hamburger Michel – 452 Stufen • St. Andreas, Hildesheim – 364 Stufen • Marine-Ehrenmal Laboe – 341 Stufen • Freiburger Münster – 328 Stufen • Jagdschloss Granitz, Rügen – 154 Stufen (Wendeltreppe!) • Leuchtturm Roter Sand – 74 Stufen

# 90. UNTERM STERNENHIMMEL LIEGEN

Denke in einer warmen Sommernacht unterm Sternenhimmel über Raum und Zeit nach! Der Himmel über der Villa Glück ist immer genau so, wie du ihn möchtest: himmelblau, mit dekorativen Wolken und einer Sonne, die wärmt, aber nicht verbrennt – so ist er bei Tage. Nachtschwarz, sternenklar und eine riesige Kuppel – so erstreckt er sich in der Nacht über deinem Kopf. So wie der traumhafte Taghimmel für die gesunde Hautfarbe deines virtuellen Ichs sorgt, so hilft der imaginäre Nachthimmel dabei, deine Gedanken zu ordnen und deinen Platz im Weltall zu finden. Denn deine Gedanken können sogar die bodenlose Schwärze des Universums durchdringen.

## Ist was los am Himmel?

Manchmal ist es besonders lohnenswert, unter offenem Himmel den Blick nach oben zu richten. Neben den Mond- und Sonnenfinsternissen gibt es Sternschnuppennächte und manchmal auch vorbeiziehende besondere Objekte wie etwa Kometen.

### Wenn der Mond sich verfinstert

Eine totale Mondfinsternis verwandelt den Vollmond in einen Blutmond. Wenn der Vollmond im Erdschatten eine kupferfarbene bis rote Färbung annimmt, wurde dies früher als Zeichen drohender Katastrophen gedeutet. Heute wissen wir es besser. An den folgenden Tagen gibt es in unseren Breiten (Mitteleuropa) in naher Zukunft eine totale Mondfinsternis: vom 13. bis 14. März 2025, vom 7. bis 8. September 2025 und vom 2. bis 3. März 2026.

## Seltsame Sternbilder

Die Sternbilder an unserem Himmel sind keine Objekte von astronomischer Bedeutung. Sie beschreiben nur bestimmte Konstellationen, wie wir sie von der Erde aus sehen. Tatsächlich stehen die Sterne eines Sternbilds so gut wie nie in einer tatsächlichen Verbindung miteinander.

## Gibt es sie wirklich?

Die klassischen Sternbilder – der Große Wagen, der Himmelsjäger Orion, die Tierkreiszeichen – finden die meisten Menschen mühelos auf dem klaren Nachthimmel. Unter den 88 offiziell gelisteten Sternbildern sind jedoch einige, deren Namen eher unglaublich klingen. Gibt es sie wirklich? Markiere in der Liste unten alle Sternbilder, die es nicht gibt:

- [ ] Adler
- [ ] Bärenhüter
- [ ] Bildhauer
- [ ] Brücke
- [ ] Chemischer Ofen
- [ ] Einhorn
- [ ] Fliege
- [ ] Giraffe
- [ ] Goldbarren
- [ ] Indianer
- [ ] Luftpumpe
- [ ] Mikroskop
- [ ] Nashorn
- [ ] Paradiesvogel
- [ ] Pendeluhr
- [ ] Schiffskompass
- [ ] Schmetterling
- [ ] Taube
- [ ] Wagenheber
- [ ] Wasserwaage
- [ ] Walfisch
- [ ] Winkelmaß
- [ ] Zebra
- [ ] Zirkel

Nicht am Sternenhimmel zu finden sind Brücke, Goldbarren, Nashorn, Schmetterling, Wagenheber, Wasserwaage und Zebra.

# 91. SO VIEL GLÜCK WIE WASSERTROPFEN

Wasser verfügt über eine besondere Magie, die unser Wohlbefinden entscheidend beeinflusst. Ganz in der Nähe deiner Villa Glück gibt es bestimmt Orte, an denen Wasser und Glück eine besondere Verbindung eingehen können.

Jackpot, wenn deine Villa Glück am Meeresstrand steht. Das Geräusch der Wellen, der Sand unter deinen Füßen, die salzige Luft – kein anderer Ort macht uns so glücklich. Schon die Vorstellung, am Strand zu stehen, den Wind in den Haaren zu spüren und ins endlose Blau zu schauen, senkt deinen Stresspegel und hebt dein Wohlbefinden.

Am Seeufer könntest du flache Steine über die Wasseroberfläche hüpfen lassen wie in deinen Kindertagen – man sagt dazu Steine flitschen. Für jeden Sprung hast du einen Wunsch frei.

Am Fluss sein – oder im Fluss sein? Schon dieses Wortspiel macht klar, wie wichtig das fließende Wasser für unsere Vorstellung von einem glücklichen Leben ist. Lass bei deiner Auszeit am Fluss dein Leben an dir vorüberziehen – und schwimm dann wieder mit.

Gibt es an der Villa Glück einen Teich? Dann teilen sich diesen sicher Laotses Enten und ein alter, weiser Karpfen, den du nie geangelt hast, weil du ihn gar nicht angeln wolltest. Im Sommer kann dir das Wasser des Teiches die Füße kühlen.

## Auf großer Fahrt

Wenn du ein Gewässer in der Nähe deiner Villa Glück hast, kannst du es auch mit einem Papierboot erkunden. Falte dir selbst ein kleines Schiff, und schicke es auf große Fahrt. Während du deine Beine ins Wasser baumeln lässt, reist du in Gedanken einfach mit.

# Im Miteinander liegt das Glück

Jeder Mensch braucht Phasen der Ruhe und Zeiten des lebendigen Miteinanders. Viele empfinden die tiefe geistige Zweierbeziehung und den ehrlichen Dialog als größten Gewinn für ihr Glück. Darüber hinaus sollte ein erfülltes Leben aber auch gemeinsame Freuden, die Leichtigkeit von Festen und Feiern zum Inhalt haben, also die Augenblickc, in denen alles Schwere von unseren Schultern fällt und wir wie Kinder einfach Spaß haben. Auf den nächsten Seiten findest du Ideen für den erfüllenden Umgang mit anderen Menschen.

# 92. GLÜCKSÜBUNG: BIETE ANDEREN HILFE AN

Auch wenn dringend Unterstützung benötigt wird: Mancher traut sich nicht zu fragen. Die Gründe für diese Zurückhaltung sind

vielfältig. Manche möchten nicht als schwach erscheinen, andere keinen Einblick in ihre Person und ihr Seelenleben zulassen. Wer um Hilfe bittet, muss unter Umständen erklären, weshalb er sie braucht. Das stellt eine Schwelle dar, die überschritten werden muss. Hilf dabei, indem du von dir aus wie selbstverständlich unterstützend in das Geschehen eingreifst.

## Versteckte Hilferufe und Wünsche

Sie zu bemerken, dazu braucht es allerdings eine besondere Art von Aufmerksamkeit. Oft verpacken unsere Mitmenschen ihre Wünsche unauffällig in alltägliche Äußerungen oder in Aussagen über das alltägliche Geschehen. Ein Beispiel: Dein Vater, etwas in die Jahre gekommen, wünscht sich ein E-Bike und dabei deine Hilfe. Er versteckt diesen Wunsch in der folgenden bewundernden Aussage: »Tolle Sache, so ein Fahrrad mit eingebautem Rückenwind. Aber vermutlich ist das gar nicht so einfach, damit umzugehen …« Doch, ist es, mit jugendlicher Hilfe. Und wenn es um Hilfe geht, muss nicht immer ein bedeutender oder sogar ernster Hintergrund existieren. Manchmal reicht es, wenn man Zeit miteinander teilt oder einen Grund findet, etwas zusammen zu tun. So macht es zum Beispiel Spaß, zusammen Lotto zu spielen, auch wenn ihr nichts gewinnt. Das Vergnügen besteht darin, von den Möglichkeiten der gemeinsam gewonnenen Lottomillionen zu träumen …

**Wer anderen Gutes tut, belohnt sich selbst**

Geh mit offenen Augen durch die Welt, dann wirst du immer wieder in Situationen geraten, in denen Menschen froh über deine Hilfe sind. Deine Nachbarin etwa, die sich vollgepackt durch die Haustür drückt, freut sich, wenn du ihr die Tür aufhältst. Ein Kind, das über den Zebrastreifen will, fühlt sich sicherer, wenn du mit ihm gemeinsam die Straße überquerst. Und eine gestresste Kollegin wird sich erleichtert revanchieren, wenn du ihr ein paar Aufgaben abnimmst. Führe ein Tagebuch, in dem du Situationen vermerkst, bei denen aus einem Miteinander ein schönes Gefühl entstand:

# 93. NIMM DIE HILFE VON ANDEREN AN

Lehne Unterstützung nicht ab – lass dir helfen! Einerseits macht es manche Menschen traurig, wenn sie keine Adressaten für ihre Hilfsangebote finden. Andererseits kannst du es dir selbst leichter machen. Auch wenn du deine Probleme ohne fremde Hilfe lösen könntest: Etwas Unterstützung von einem anderen Menschen vereinfacht dir das Leben, und du machst ganz nebenbei jemanden glücklich.

## Sich gegenseitig sehen

Was macht es dir so schwer, um Hilfe zu bitten oder Hilfe anzunehmen? Du willst niemandem zur Last fallen oder du hast das Gefühl, an deinem eigenen Anspruch zu scheitern. Und dann gibt es noch die Angst, eine Absage zu erhalten. Mach das allein, warum sollte ich dir helfen? Ja, vermutlich musst du zunächst einen Widerstand überwinden und lernen, andere Menschen um Hilfe zu bitten. Aber sei dir sicher: Du wirst gute Erfahrungen machen, denn viele freuen sich, wenn sie helfen können. Das schafft eine besondere und tiefe Verbindung zwischen den Menschen, die mit Geldeswert nicht zu bemessen ist.

## Helfen ist großartig!

Du stärkst die Beziehungen zu deinen Mitmenschen, entdeckst neue Möglichkeiten, hast weniger Stress, weil du Zeit und Energie sparst, und du wirst lockerer, denn nach einer Weile kannst du entspannter und gelassener mit den Menschen deiner Umgebung kommunizieren.

### Couchsurfing

Du kannst Hilfe erfahren, wenn du auf deinen Reisen Couchsurfing probierst. Über das Internet kannst du fast in jeder Stadt der Welt Menschen finden, die ihr Sofa oder ein Bett zur kostenlosen Übernachtung anbieten. Dadurch kannst du auch mit geringen finanziellen Mitteln weit herumkommen und dabei neue Freunde kennenlernen. Natürlich kannst du dein eigenes Sofa ebenfalls inserieren, um etwas zurückzugeben.

### Crowdfunding

Auch bei dieser speziellen Spendenaktion bittest du um Hilfe: Hier fehlt es an Geld, um ein Problem zu lösen oder ein Projekt zu realisieren. Stell eine Crowdfunding-Anfrage ins Internet, und mache dir die finanziellen Möglichkeiten anderer zu Nutze. Manches wird geschenkt, anderes auf anderen Wegen zurückgegeben.

### Sharing is Caring

Die einfachste Situation, sozusagen die Einsteiger-Übung, ist diese: Überwinde deine Hemmungen, dir etwas zu leihen! Ob es ein Ei oder etwas Mehl ist, das dir zu deinem Rezept fehlt, oder ob es ein Werkzeug ist, eine Stichsäge oder eine Bohrmaschine. Wenn es klappt (und das wird es bestimmt), ist dir geholfen, und dein Helfer strahlt vor Freude. Aber vergiss nicht, dass Geliehene wieder zurückzugeben oder dich mit einem kleinen Geschenk zu bedanken.

Nutze alle Wege, dir deine Hilfe zu holen. Sprich persönlich mit den Menschen, telefoniere, schreibe E-Mails oder Notizzettel. Je häufiger du das Wort Hilfe vor deinem geistigen Auge siehst, desto besser kannst du Hilfe annehmen.

# 94. KOMPLIMENTE SIND GLÜCKSGESCHENKE

Mache jemandem ein gekonntes, ehrlich gemeintes Kompliment! Eine besondere, nicht materielle Art, Glück zu verschenken, soll in der Villa Glück ihren Platz finden. Es braucht nur ein paar Worte, um einen deiner Mitmenschen glücklich zu machen – und ganz nebenbei auch dir selbst einen Glücksflash zu verpassen:

## Echte Komplimente geben

Gut, Sprüche wie: »Du siehst ja heute wieder umwerfend aus!« oder »Hübsches Kleid!« mögen schon ernst gemeint sein, sind aber einfach zu abgegriffen und alltäglich, um eine intensive Wirkung zu entfalten. Und die Floskeln selbsternannter Aufreißexperten aus dem Internet »Hast du dir wehgetan, als du vom Himmel gefallen bist?« wirken letztlich nur noch schleimig und schmierig. Auch Übertreibungen solltest du vermeiden. Ein einfaches »Schön, dass du da bist!« übermittelt unter Umständen mehr Glücksgefühle als so übertriebene Sätze wie: »Du bist der wunderbarste Mensch, der mir in meinem Leben begegnet ist!«

### Too much High Five?

Auch Gesten können Glücksgefühle übermitteln. Und auch hier gilt: Übertreibung entwertet dein Handeln. Ein paar High five zu viel, und niemand glaubt dir mehr, dass du es mit deiner Begeisterung oder Bewunderung ernst meinst. Ein Händedruck im richtigen Augenblick oder eine Hand auf der Schulter sagen manchmal mehr.

## Das Archiv der schönen Sätze

Wenn du einen der folgenden Sätze aussprichst, weil du ihn wirklich ernst meinst und er hinsichtlich der Person, die du ansprichst, auch passt, verschenkst du pures Glück. Denn wir sagen uns viel zu selten, was wir gut aneinander finden.

- Auf dich kann man sich verlassen.
- Bei dir fühle ich mich sicher und geborgen.
- Cooles Outfit!
- Danke, dass du für mich da bist.
- Danke, dass du immer an mich glaubst.
- Danke, dass du Zeit für mich hast.
- Danke, dass ich mich immer auf dich verlassen kann.
- Dein Kleid steht dir ausgezeichnet.
- Dein Lächeln ist echt ansteckend.
- Deine Art ist so angenehm beruhigend.
- Du bist wirklich ein besonderer Mensch.
- Du bist ein toller Freund/eine tolle Freundin.
- Du bist eine gute Zuhörerin/du bist ein guter Zuhörer.
- Du findest immer die passenden Worte.
- Du hast unglaublich tolle Ideen.
- Du kannst dich wirklich gut in andere hineinversetzen.
- Ich bin sehr stolz auf dich.
- Ich glaube, du bist mein Lieblingsmensch.
- Ich mag deinen Humor.
- Ich muss sagen: Du hast Geschmack!
- Ich unternehme immer wieder gerne was mit dir zusammen.
- Keiner bringt mich so zum Lachen wie du.
- Wenn du dir etwas vornimmst, ziehst du es auch durch.

# 95. RUFE EINEN ALTEN FREUND AN

Im Laufe deines Lebens wirst du viele Menschen treffen. Manche bleiben für immer an deiner Seite, manche begleiten dich für ein paar Jahre, und andere tauchen nach einer Weile der Funkstille wieder auf. Bestimmt gibt es Personen, zu denen du durch einen Umzug, durch einen Jobwechsel oder aus anderen Gründen den Kontakt verloren hast. Aber du fragst dich bei ihnen immer mal wieder, was die wohl jetzt machen. Wo sie leben, wie es ihnen geht. Wäre es nicht schön, solche Kontakte zu reaktivieren oder zu erneuern?

## Altmodisch, aber verbindend: das Telefon

Ob ein Reaktivieren der alten Verbindung gelingt, hängt auch von der Art ab, mit der du diesen alten Kontakt wieder aufnimmst. Wenn du jemanden, den du seit zwanzig Jahren nicht gesehen hast, auf der Straße triffst, kommt er dir häufig wie ein Fremder vor. Du erkennst ihn kaum, hast Mühe, ihn in dein soziales Umfeld einzuordnen, und alle Kontaktversuche wirken steif und unerfreulich. Dieselbe Person ist dir viel vertrauter, wenn du mit ihr am Telefon sprichst. Manche Menschen können miteinander reden, als hätten sie sich gestern zuletzt getroffen. Sie können ihre Gespräche an dem Punkt fortsetzen, wo sie diese vor Jahren beendet haben. Das Medium Telefon transportiert genau die Informationen, die eine gewisse Vertrautheit möglich machen. Online sieht es anders aus: Viele Menschen versuchen im Netz, ihre Erscheinung zu »korrigieren«, und sind nicht sie selbst – kein besonders guter Ausgangspunkt für die Erneuerung eines Kontaktes.

## Telefonliste – wen ich gern mal wieder anrufen möchte

Trage hier die Namen der Leute ein, mit denen du lange nicht telefoniert hast oder bei denen du unbedingt mal wieder durchklingeln möchtest. Du musst dich nicht sofort entscheiden – denke mal darüber nach.

# 96. LERNE EINEN NEUEN MENSCHEN KENNEN

Zeit, einen neuen Menschen kennenzulernen! Wann hast du zuletzt mit einem Menschen geredet, der dir zuvor so gut wie unbekannt war? Wann hast du jemandem eine persönliche Frage gestellt – aus echtem Interesse an seiner Person? Sicher, vielleicht triffst du jeden Tag in deinem Beruf auf Personen, mit denen du interagieren musst. Aber sehr oft geschieht dies nur im Rahmen vorgegebener Verhaltensmuster, oft unter dem Deckmantel der Professionalität. Betrachte und befrage einen deiner Mitmenschen, wie du es als Kind getan hättest: Wer bist du denn? Was machst du? Wollen wir zusammen … spielen? Tatsächlich, auch wenn es kein Erwachsener je so sagen würde – darauf läuft es hinaus.

## Das Orakel der Dinge

Du möchtest einen Menschen näher kennenlernen? Hier in der Villa Glück gelingt dir das vielleicht über ein Spiel, das Orakel der Dinge. Und das funktioniert so: Du nennst deiner Versuchsperson, also dem Menschen, den du näher kennenlernen möchtest, jeweils drei Worte (hier auf der linken Seite), von denen eines gewählt werden muss. Die Worte sind so zusammengestellt, dass die Auswahl eine spielerische Aussage über den Charakter und die Persönlichkeit des befragten Menschen machen kann, indem sie die nachfolgende Frage beantwortet. Bei diesem Spiel handelt es sich sicher nicht um eine wissenschaftlich fundierte psychologische Untersuchung, aber du findest einen Gesprächsanlass, und darum geht es ja beim Kennenlernen.

## Wer bist du? Ein Spiel verrät es

Die unten stehende Liste hilft dir, einem neuen Menschen ungezwungen näherzukommen. Natürlich kannst du das auch mit alten Freunden oder Freundinnen spielen. Oder du befragst dich selbst, wenn du ein wenig Zeit für dich hast. Wähle eines der drei Wörter und beantworte die anschließende Frage.

| | |
|---|---|
| **Kalb Kuh Bulle** | Wie stark bist du? |
| **Ameise Biene Schmetterling** | Wie fleißig bist du? |
| **Ring Kette Krone** | Wie bedeutend bist du? |
| **Huhn Wiesel Fuchs** | Bist du Täter oder Opfer? |
| **Hund Pferd Falke** | Wie schnell kannst du sein? |
| **Hammer Zange Amboss** | Was ist deine Rolle bei der Arbeit? |
| **Schere Messer Säge** | Welches Handwerk passt zu dir? |
| **Knüppel Pistole Schwert Münze** | Wie gefährlich bist du? |
| **Goldbarren Edelstein Zwerg** | Wie wertvoll bist du? |
| **Ritter Riese** | Wie bedeutend bist du? |
| **Kräuterweib Hexe Zauberin** | Was steckt verborgen in dir? |
| **Räuber Unhold Taschendieb** | Was ist deine dunkle Seite? |
| **Werwolf Drache Ungeheuer** | Wovor fürchtest du dich? |
| **Dummkopf Oberlehrer Genie** | Wie schätzt du deine geistigen Kräfte ein? |

# 97. ZUSAMMEN GEHT ALLES BESSER

Auf dieser Seite des Buches angekommen, hast du in deiner Villa Glück viele Übungen und Rituale praktiziert, gebastelt, gekocht und dir eine Vielzahl von Gedanken gemacht. Hier ist der Punkt erreicht, an dem ganz bewusst darauf geachtet werden soll, dass du deine Mitmenschen an deinen Erfahrungen beteiligen kannst oder besser noch: dass du deine Erfahrungen genau in Richtung Mitmenschen ausrichtest.

## Zusammen singen und tanzen

Warst du auch schon mit Freunden oder Bekannten in Situationen, in denen Musik zu hören war, die dir ins Blut ging? Wie von allein begannen deine Beine zu tanzen, und plötzlich hörtest du dich den Text des Liedes mitsingen – doch dann durchfuhr dich ein Schreck, und du bliebst abrupt stehen. Das hätte unangenehm auffallen können. Du Spaßbremse! Wenn du es riskiert hättest, hättest du deine Freunde angesteckt – vielleicht war die Situation locker genug für ein spontanes Tanzfest mit gemeinsamem Gesang. Natürlich kannst du eine solche Situation auch selbst herbeiführen: die richtige Musik an einem geeigneten Ort, die richtige Tageszeit und ein paar wohlschmeckende Getränke. Ein noch intensiveres Erlebnis entsteht mithilfe von Live-Musik – spielst du ein Instrument?

## Der mobile Literaturkreis

Nicht nur Musik und anregende Getränke sind geeignet, ein Zusammentreffen in freundlicher Umgebung möglich zu machen. Ein älterer Herr in einer deutschen Universitätsstadt fand einen anderen Weg. Er lud einige Bücher in seinen Fahrradanhänger. Das waren Bücher, die er schon gelesen hatte oder von denen er zwei Exemplare besaß oder solche, die er anderen Ortes geschenkt bekommen hatte. Dann fuhr er, den Anhänger am Fahrrad, in den Stadtpark, suchte sich einen geeigneten Platz und begann zu lesen. Anfangs still für sich, hin und wieder auch mal laut und wie für ein Publikum, das es zunächst nicht gab, das sich dann aber ganz automatisch um ihn herum versammelte. Seine Besucher bedienten sich am Bücherwagen, veranstalteten selbst eine kleine Lesung, diskutierten das Gelesene, durften schließlich einige der Bände mit nach Hause nehmen und leisteten so dem Vergnügen an der Literatur große Dienste.

## Wie groß ist dein größter Topf?

In gewisser Weise Ähnliches, allerdings nicht mit geistiger Nahrung, wird von einem jungen Mann berichtet, der zu Hause in seiner Küche schmackhafte Suppen zubereiten konnte, diese dann zu einem geeigneten Zeitpunkt und bei passendem Wetter irgendwo im Grünen jedermann anbot, der sich hungrig fühlte. Löffel hatte er dabei, und weil er die Mahlzeit im Freien mit einer gewissen Regelmäßigkeit wiederholte, kamen andere Esser hinzu und brachten ein paar ergänzende Zutaten wie etwa Brot mit. Die Zahl der Suppenesser wurde immer größer, und er kochte einen immer größeren Topf Suppe. So könnte es auch dir ergehen, wenn deine Bohnensuppe oder dein Chili con Carne viele Liebhaber findet – fang nicht zu klein an mit den Töpfen. Im Fahrradanhänger oder mit deinem neuen Lastenfahrrad kannst du schon einiges transportieren.

# 98. STREET-ART: WIR VERSCHÖNERN UNSERE STRASSE

Macht die Villa Glück jetzt bei »Unser Dorf soll schöner werden« mit? Wäre das nicht ein wenig zu provinziell? Ob freihängende Geranien-Ampeln die beste Art sind, eine Wohnstraße aufzuwerten, darüber lässt sich diskutieren. Hier sollen modernere Wege vorgestellt werden, etwa Street-Art. Dabei wird urbane Hässlichkeit in ansprechende Kunst umgewandelt, durch Graffiti, die Bemalung von Fassaden und andere kreative Ausdrucksformen. Die große, öffentlich geförderte Kunst muss das gar nicht sein, du hast auch als Normalsterblicher viele Möglichkeiten, deine Straße aufzuhübschen. Mancherorts haben Bürger zum Beispiel auf Strom- und Verteilerkästen kleine Kunstwerke angebracht. Auch Garagentore bieten sich als Ausstellungsfläche oder als Platz für Graffiti an.

## Urban Gardening

Die Kraft der Natur kannst du beim Urban Gardening im Umfeld deiner Villa Glück nutzen. Überall dort, wo es ein Stückchen brachliegende Erde gibt, kannst du der Natur ihr Recht verschaffen, mit speziellen Samenmischungen ein Stückchen Wiese säen oder die Baumscheiben bepflanzen, die sonst nur als Hundeklo genutzt werden. Mit den neuen Mini-Biotopen kommen weitere Pflanzen und vor allem auch Tiere wie Insekten in deine Straße. Schließ dich mit deinen Nachbarn zu einer Gruppe zusammen, und versucht eure Kommune davon zu überzeugen, euch ein, zwei Parkplätze für Bepflanzungen und Sitzmöglichkeiten zur Verfügung zu stellen. Das wertet vor allem in Städten den Lebensraum stark auf. Ein weiterer Vorteil: Solch gemeinsame Projekte verbinden und stärken die Nachbarschaft.

### Guerilla-Stricken

Diese Art der Stadtverschönerung mit Stricknadel und Wolle ist zwar ein bisschen aus der Mode gekommen, aber warum solltest du nicht als Guerilla-Knitter die Bäume, Parkbänke oder Straßenlaternen in deiner Straße in ein kunterbuntes gestricktes Kleid stecken? Wer stricken kann (zwei rechts, zwei links) und eine Idee hat, kann loslegen. Diese Aktion kann außerdem helfen, verschiedene Generationen miteinander zu verbinden. Oma strickt und die Kindergarten-Kinder behängen Fahrradstangen und Mauervorsprünge.

### Einladender Fahnenschmuck

Früher hatte jedes Ritter- oder Adelsgeschlecht ein eigenes Familienwappen und auch eine Fahne oder Flagge. Warum sollte deine Wohnung oder dein Haus darauf verzichten müssen? Schon ein Stück eines alten Bettlakens, etwas Batikfarbe und ein paar gute Ideen machen dein Stückchen Straße menschlicher und einladender. Dabei kannst du statt der alten, manchmal kriegerischen Symbolik eine neue Zeichensprache der Fahnen entwickeln. Lass deine persönliche Flagge im Winde wehen, sodass sich die richtigen Menschen angesprochen und willkommen fühlen.

### Tibetanischer Gruß

Ein Stückchen Stoff in allen Farben, an eine Schnur gehängt, und deine Villa Glück macht eine Reise in den fernen Himalaya. Bunte tibetanische Gebetsfahnen verbreiten eine lebendige Atmosphäre auch in einer zuvor farblosen Straße. Schreibe ein Mantra oder einen persönlichen Wunsch auf jede Fahne, und häng sie in den Wind. Die einzelnen Farben stehen übrigens für die Elemente. Blau und Weiß sind der Himmel und die Wolken. Rot ist das Feuer. Grün steht für das Wasser und Gelb für die Erde.

# 99. MACH EIN NACHBARSCHAFTSFEST

Die große Zeit der Straßenfeste ist vorbei, meinst du? In gewisser Weise schon, denn die Art und Weise zu wohnen und auch der Umgang mit der Öffentlichkeit und der Privatheit haben sich für viele Menschen geändert. Deshalb musst du schon überlegen, in welcher Weise du deine Nachbarn für ein zufriedenstellendes Treffen gewinnen kannst. Und hier in der Villa Glück hast du die Gelegenheit, die dazu notwendigen Überlegungen anzustellen.

## Viele Wege führen zum Nachbarschaftsfest

Eine Anzeigenkampagne online oder Plakate in eurer Straße sind nicht immer das passende Mittel. Viele Nachbarschaftsfeste haben ihren Ursprung in erweiterten Grillabenden, und auch mancher Kindergeburtstag wuchs wie von allein zu einem Gemeinschaftsereignis auch unter Erwachsenen. Ein anderer Weg, um für erweiterten Kontakt zueinander zu finden, ist ein Garagenflohmarkt. Oder das Engagement für eine gute Sache. Ideen gibt es viele.

### Gute Nachbarschaft?

Nutze die Planungsphase für dein Nachbarschaftsfest, um einmal darüber nachzudenken, wie es eigentlich um deine Nachbarschaft steht. Hast du gute, freundliche, umgängliche und hilfsbereite Nachbarn? Bist du selbst so einer? Auf der rechten Seite siehst du zwei Tische, und die Plätze daran sind noch frei. Magst du eintragen, wie du die Stühle besetzen möchtest?

### Gut geplant ist halb gewonnen

Ein größeres Fest braucht etwas Planung, damit es möglichst viele Menschen glücklich macht. Nimmt dir ein paar Minuten und überlege, wie dein Nachbarschaftsfest aussehen soll.

### Der richtige Ort

Du kannst das Fest direkt in deinem Garten oder im Hof eures Mietshauses steigen lassen. Oder du stellst ein paar Bänke und Tische auf die Straße. Auch der Stadtpark bietet sich als grüner Treffpunkt mit Wohlfühlatmosphäre an.

### Das passende Essen

Einen Grill aufstellen, dazu Salate und knuspriges Brot: Das ist schnell zubereitet und macht viele glücklich. Im Herbst kannst du auch eine Gulaschkanone organisieren. Oder du machst ein Kuchenbuffet, zu dem jeder was beitragen kann.

### Wer kommt?

Lade alle ein, die in deinem Haus oder in deiner Straße wohnen. Oder du machst einen Aushang und forderst auch Passanten auf, teilzunehmen. Jeder soll jemanden mitbringen. Und natürlich darf der Postbote, die Busfahrerin oder die Verkäuferin aus der Bäckerei nebenan nicht fehlen.